图说上海系列丛书

图说上海 老洋房

TU SHUO
SHANG HAI
LAO YANG FANG

宋路霞 著
宋路平 摄影

上海科学技术文献出版社
Shanghai Scientific and Technological Literature Press

作者简介

宋路霞，女，1952年生于山东济南，华东师范大学成人教育学院中文系毕业。曾任该校图书馆支部书记、校报主编，是上海作家协会会员，近现代家族史、上海史研究学者。

主要研究方向：近现代家族史、上海洋楼文化、名媛文化、海派旗袍文化。

主要著作:《李鸿章家族》、《盛宣怀家族》、《张静江家族》、《刘秉璋家族》、《百年儒商：南浔刘家》、《上海的豪门旧梦》、《上海的豪门望族》、《回梦上海老洋房》、《回梦上海大饭店》、《上海顶级老洋房》、《上海洋楼沧桑》、《百年收藏》、《钱币大师马定祥》、《上海滩名门闺秀》（1—5）、《上海望族》、《浮世万象》（孙曜东口述、宋路霞整理）、《蠹园惊梦》（与曹可凡合作）、《上海名媛旗袍宝鉴》、《中国望族旗袍宝鉴》等40部著作。

宋路平简介

　　宋路平，男，1950年生于山东济南，国家一级建造师、高级工程师、上海市摄影家协会会员，其摄影作品在全国和上海摄影大赛中多次获奖，有的被上海档案馆永久收藏，有的作品和文章发表在《中国摄影报》上。

序

宋路霞

  我写的第一本洋楼书《洋楼沧桑》，是1999年上海画报出版社出版的，距今已经整整20年了。这20年间，熬不住寂寞，又写了几本，如《上海洋楼沧桑》（台湾立绪出版社2003年彩色版）、《回梦上海老洋房》（上海科学技术文献出版社2004年彩色版）、《上海顶级老洋房》（成都时代出版社2007年中英对照彩色铜版纸版）、《上海洋房》（上海辞书出版社2010年彩色版）。现在面世的这本《图说上海老洋房》，可以说是一个整合本，基本是在上面几本书的基础上，加入一些新的材料和图片，整合而成。

  我在撰写上海滩著名家族历史的过程中，曾经"研读"过一百多栋名人名宅，而收入此书的仅48栋。原因是，有些名楼现已是名人故居纪念馆或公共场所，只要买票，任何人都可进去参观，而且见诸书刊介绍的文字已经很多了，无须我再赘言，如中山故居、宋庆龄故居、周公馆、蔡元培故居、巴金故居、柯灵故居、嘉道理大厦（现市少年宫）、汪公馆（现长宁区少年宫）、百乐门（舞厅）等等。还有一部分洋楼，我过去写过，但是至今还不见修缮和保护，仍旧破破烂烂的像"72家房客"，这次就不收入了。当然还有一个最重要原因是，有一部分名宅，我还没有看到有权威意义的材料，也就不敢贸然动笔，只好留待下一本洋楼书再说。

每一栋名人名宅都有自己的故事，都有自己独特的历史。从房屋建造到房屋主人的前后更替，往往与上海的社会动荡和发展同步，是一个既有建筑美感，又有耐人寻味的人文历史的物质载体。我在做上海近现代家族史的走访和调研过程中，不知不觉地步入其中，徜徉其中，自觉别开生面，豁然开窍，其乐无穷。这些看来有些零碎，但很生动、很具体的洋楼故事，是上海开埠以来社会风情和社会演变的活资料，也是上海这个"万国建筑博物馆"的一个组成部分，如不尽快加以收集、整理和发掘，就会成为过眼云烟，成为上海的遗憾。

我觉得，收集和整理这些老洋房的人文资料，离不开口述工作。

20年前我们看到的关于介绍上海著名建筑的著作，基本都是偏重技术和材料方面的，对其中的人文历史介绍得很简单。这也难怪，因为对这些老洋房的保护和研究，以至于成为一门很热门的"学潮"，是近些年来的事情。而那些名楼里的鲜活故事，基本上都"储存"在上海的老居民、"老克勒"、老干部的记忆里。今年是解放70周年。且不说那些老居民、"老克勒"肚子里的"存货"，就是当年20岁跟随陈毅老师进城的"红小鬼"，如今也90岁了。再不抓紧到他们那里去"搜奇揽胜"，岂不要留下很多空白？

洋楼故事往往不像重要战役、关键情报那样人命关天，抓人眼球，引人入胜，它们好像是历史的碎片。但是，即便是碎片，那也是历史的碎片！一旦把碎片拼接起来，整合起来，就能看出全貌和个中的精彩来，甚至可以作大历史的注脚。江苏路上的范园，是上海银行界联合起来，跟袁世凯"抗兑"斗争的胜利体现；愚园路上的"汉奸弄堂"是抗战时期在特殊的环境中形成的；现在瑞金宾馆里的几栋洋楼，都是上海租界文化的活标本……所以，正如熊月之老师说过的："读物质之楼易，读文史之楼难。"因为你经常是没有现成的资料可循，必须自己迈开双腿，去找人、找线索、找答案。有时还需要非常耐心地打消被采访者的顾虑，甚至死皮赖脸地跟门卫软磨硬泡，才能走进楼中，揿一下快门。

好在现在关心上海洋楼沧桑的领导和朋友越来越多了。原上海社会科学院的熊月之副院长，总是鼓励我多走动、多收集、多写作，并多次为我的小书作序，这促使我不能停下脚步。几家出版社的老总和编辑不厌其烦地帮助我出书，也令我受宠若惊，不敢马虎、怠慢。原东湖集团丁香花园的邱根发老总、原浦江饭店的办公室主任周有荣、原静安区文史馆的杨继光馆长、原徐汇区房管局的朱志荣局长、上海工艺美术博物馆的方阳馆长、原市房产局办公室的张心刚主任、原长宁区规划办的张长根先生、《上海住宅建设志》编纂室的薛顺生先生……他们都是迷恋老洋房、研究老洋房的专家，多年来给予我很多帮助，在此一并表示衷心感谢！

上海的老洋房是海派文化的一大景观，也是上海一笔不可多得、不可复制、不可再生的宝贵遗产。愿更多的朋友加入我们的队伍，同时指出我书中的错误和不足。

谢谢大家！

2019年6月

目录

"功勋马"常驻的马勒旧居……………………………………1
暗藏金库的爱神花园……………………………………………9
博物馆似的周湘云故居…………………………………………19
藏宝重镇宝礼堂…………………………………………………26
大藏书家刘承干的藏书之地……………………………………32
唐星海旧居的陈年往事…………………………………………38
丁贵堂二进税务司官邸…………………………………………44
东平路上的席家花园……………………………………………50
古钱大王张叔驯旧居……………………………………………57
郭棣活先生的两处豪宅…………………………………………64
精美的海关总税务司官邸………………………………………70
何园的《辞海》缘………………………………………………77
胡寄梅家族的海派家园：梅庐…………………………………85
沙逊为罗根花园打官司…………………………………………90
机器大王严裕棠旧居……………………………………………96
家有教堂的朱季琳公馆…………………………………………100
蒋冬荣飞机楼里整"贪官"………………………………………107
蒋经国逸村被"虎"咬……………………………………………113
李鸿章家族与丁香花园…………………………………………118
梁鸿志的"三十三宋"与白公馆…………………………………128

大收藏家刘晦之旧居：小校经阁	135
牛惠霖、牛惠生兄弟的霖生医院	141
瑞士商人留下的老洋房	150
沙逊别墅的前后两位主人	158
"神秘人物"出入的马歇尔公馆	166
实业巨擘荣宗敬先生故居	173
树大招风的孙家花园	180
丝业巨擘莫觞清旧居	186
宋美龄用心呵护的"爱庐"	191
宋子文旧宅的"怪病"之客	197
宋子文盛公馆里遭白眼	202
法租界的总董"白宫"	208
叶鸿英先生捐建的图书馆	215
新康花园里的丁善德旧居	218
养着老虎、蟒蛇的邱家花园	223
影响了半个中国的宋家老宅	228
永年人寿保险公司大楼	234
用印玺压咸菜的叶铭斋旧居	240
酝酿了西安事变的张学良公馆	245
陈公博短暂的"主席"官邸	249
正广和老宅里的风云人物	253
众说纷纭的袁左良旧居	257
朱老总叫出名的"怪屋"	264
太古洋行大班住宅	272
绿楼里的才子佳人	279
脱尽尘俗的观槿斋	285
中国科学社的旧址：会心楼	291
百代公司的小红楼	298
后　记	304

午夜时分

"功勋马"常驻的马勒旧居

陕西南路30号（现为衡山集团马勒别墅宾馆）

延安中路陕西南路拐角那组"长"满了尖尖角的花园洋房，现在是衡山集团麾下的马勒别墅宾馆，是上海现存的上千处花园旧宅中，最为玲珑精致的一处，它过去的主人是英籍犹太人马勒。

这栋房子建于1936年，建筑风格属于北欧挪威式。那些陡峭的屋顶原是为了尽快地清除积雪，但是上海并不是像北欧那样冬天多雪的城市，为什么要花费巨资造出那么多尖尖角呢？据说，此楼的整体造型取自马勒的女儿的一个梦境，梦中的小女孩不知不觉步入了一个童话世界，看见安徒生笔下的白雪公主和许多漂亮的小房子，那些小房子都长满了尖尖角。梦醒之后，小女孩把梦中所见画在了纸上，马勒看了很感动，遂命设计师依梦构图。1936年，这儿果真出现了一片"童话世界"。

马勒是1919年来闯荡上海滩的。和许多西方的冒险家一样，他原先赤手空拳，后来凭自己的智慧和机遇，在上海这块淘宝热土上三捣鼓两捣鼓，不过数年竟变成了百万富翁。马勒最初的原始积累据说多亏了一匹马，他在跑马中运气不错，连连得手，又喜欢跑狗，于是钱袋就膨胀得快了。后来他投资实业，接连办起了赉赐洋行、马勒机器造船公司（中华人民共和国成立后改为沪东造船厂）及中国马勒有限公司，从事造船、修船、轮船报关、进出口业务代理和运输业，成了上海滩炙手可热的洋大人。

▼ 马勒别墅全景

▲ 门厅里的大理石柱非常抢眼

▶ 月洞门

▲ 马勒别墅豪华的门厅

▼ 无处不雕花,无处不是景

▲ 楼梯通向前后"舱"

▲ 城堡般的入口

▼ 马勒别墅夜景

▲ 别有"船"味的餐厅

▲ 草地与咖啡座

▲ 豪华的餐厅

▲ 是船上还是陆地？

马勒非常热爱自己的造船事业，他把这栋豪宅的内部设施，如前后楼的楼梯、过道转弯处，均设计成类似船上的造型，连护壁上的雕花也多为海上风光，有海草、海浪、渔船、灯塔，还有海上日出。这栋房子的内部装潢以豪华和精致著称，凡是有木质装潢的地方，简直无处不雕花，人们步入其中，宛如进入了一座欧洲的宫殿。楼南的花园也打理得很漂亮，除了草地、花卉、香樟树，还布置了一些石头雕成的灯塔，很能体现主人的意趣。

马勒旧居花园里至今还矗立着一匹青铜马雕像，是为了纪念那匹为主人立下汗马功劳的"功勋马"而塑造的。那匹"功勋马"后来老死了，就被埋在这个花园中。这座青铜马雕塑也有过劫难，"十年浩劫"期间，造反派认定这是"四旧"，强行移走，"文革"后才得发还，但是这匹马的说明牌被撬掉了，以至于人们至今无法断定此雕塑的创作年代及作者是谁。

令马勒一家伤心的是，这样一栋精心设计、美轮美奂的豪宅，马勒一家却没能住几年。1941年太平洋战争爆发后，日本人进入租界，强行霸占了这栋楼，并且对其局部进行了改造，马勒一家只得逃亡。抗战胜利后，以戴笠为首的国民党军统组织进驻了这栋楼，这儿沦为他们的一处特务机关。中华人民共和国成立后人民政府接管了此楼，上海市团市委长期在此办公，改革开放后成为衡山集团麾下的马勒别墅宾馆，对外开放。

▲ 常驻马勒别墅的青铜马

▲ 马勒和他的女儿

◀ 马勒别墅旧影

◀ 好看的楼梯拐角

爱神花园主楼

暗藏金库的爱神花园

巨鹿路675号（现为上海作家协会）

"文革"初期红卫兵上街扫"四旧"的时候,有一天,一支造反队伍杀气腾腾地来到了巨鹿路675号(作家协会机关)。他们押着一个四五十岁的男人,推推搡搡地把他带上楼梯,说是要找什么金库。那时老作家们已经"靠边",机关工作人员也分了派别,正在大搞"阶级斗争"。一听说这房子里有当年资本家暗藏的金库,一下子都警惕性高涨起来。只见那被押解的人一脸愁苦,神情茫然地在二楼一间屋子的墙壁上东摸摸,西敲敲,最后指着一个大壁橱的两侧说:"把这儿、那儿都挖开吧。"只见造反派举起了锤子,稀里哗啦地砸开了一层壁板,里面果真露出了两只黑乎乎的铁家伙,大伙把头聚拢来一看——哇!真的是两只保险柜!

造反派们欣喜若狂,认为这可是阶级斗争的重大战果,七手八脚地上去摆弄柜锁,指望立马掏出成堆的金条、美钞来。可是那柜子怎么也打不开,追

▼ 爬墙虎和月季环绕的南窗

▲ 爱神背影

▶ 爱神普绪赫

▲ 底楼西餐厅

▲ 彩色玻璃窗户

▲ 阳台上的吊灯

▲ 2楼大阳台

▶ 好看的楼梯

◀ 刘吉生、陈定贞夫妇

◀ 刻有刘吉生英文名缩写字母的栏杆

▲ 活泼的小天使

▲ 刘吉生、陈定贞夫妇（中）与女儿刘莲芝（右）、刘莲华（左）

问那个被押来的男人，那人两手一摊："钥匙被主人带走了。"于是他们派人返回工厂，拿来乙炔气割器和氧气瓶，对准保险柜烧了起来。不多时，两只保险柜都被烧出一个大洞，柜门终于打开了——可是里面是空的，老板早就把钱带走了！"革命者"们失望了，"革命热情"一下子像跑了气的皮球，只得悻悻地滚蛋了。

作家协会的人不啻看了一场"好戏"，打听下来，原来这幢房子连同整座花园，都是企业大王刘鸿生的弟弟刘吉生的。刘吉生与宋子文之弟宋子良是圣约翰大学的同学，又是国民党军统系统的红人，因有复杂的政

▲ 魏德迈将军

治背景，所以他1949年离开后，房子就由军管会接管了。据说军管会还在花园里还养过军马。

这栋美轮美奂、诗意盎然的大花园洋房，是匈牙利著名建筑设计专家邬达克的作品——耗资20万银元精心打造的，很多装潢材料都是从国外进口的。除了彩色玻璃和吊灯、家具，还进口了中央供暖设备。主楼楼下是西餐厅、中餐厅、客厅和书房。两个大餐厅中间有个移门，可分可合，隔又不隔，合起来的时候多半是开派对、开舞会的时候。西餐厅的西部有一处"小高地"，背景是一排非常漂亮的彩色玻璃花窗，那是小乐队的"领地"。2楼是主人的卧室、儿子的卧室、小客厅和小餐厅。朝南一个宽大的阳台，既可以休闲、乘凉，在没有客人来到时候，有时也在那儿吃饭。3楼是女儿们的闺房和活动室。

这栋房子的东门是一个带雨廊的大门，进门之后，可见一道弧线非常柔

▼ 面对花园的舞厅

爱神花园东门

美的楼梯款款攀升。楼梯的"弯臂"里有一个周身珠光宝气的水晶吊灯,永远亮晶晶。楼梯栏杆的铸花中,有两个艺术体的英文字母,那是刘吉生英文名字的缩写。绕到楼的南面来,首先看到的是那组著名的意大利雕塑——爱神普绪赫和4个小天使。半裸的爱神优雅地伸展玉臂,身后长裙逶地,身边的小天使骑在大鲤鱼背上,一个个睁大了眼睛……这是邬达克先生在房子建成后送给房主的礼物,而这栋房子,又是刘吉生送给夫人陈定贞40岁生日的礼物。

爱神的对面就是气势宏伟的豪宅南门了。4根巨大的罗马石柱和朝南的几个窗口,几乎都被爬墙虎所包围,月季和蔷薇随意地绽放其中……整栋房子犹如欧洲的贵族别墅,古老、含蓄、富有玄机。

房子建成于1931年,是刘吉生最得意时候的"作品"。他是他哥哥刘鸿生的助手,参与了创业时代的种种艰辛。后来家业大了,刘鸿生创办鸿生火柴厂、上海水泥厂、章华毛纺厂时,刘吉生都是主要股东之一。

刘吉生一生最为不为人知,但是具有重要意义的贡献是,在抗战中的1942年,在这座花园里,秘密领导了一场历时半年的营救美国大兵——"杜立克行动"(轰炸东京后迫降中国东南沿海)的工程,因此在抗战胜利之后,美国驻华最高将领魏德迈曾亲自来他家为他颁奖。

周湘云故居主楼

博物馆似的周湘云故居

青海路44号（现为岳阳医院青海路门诊部北楼）

位于青海路44号的岳阳医院青海路门诊部，是旧上海的房地产大王周湘云的故居。这处花园很有特色，房子是西式的，花园是中式的，除了小桥流水、曲径山石之外，还有几棵百年古藤和高大的香樟树，非常古雅。

这栋房子建于1936年，风格属于地道的现代派，由周湘云的一个外甥所服务的一家洋行设计，采用了大量进口建筑材料，造得非常讲究，造价也非常昂贵。这栋房子最突出的特点是生活设施非常超前，安装了一些当时非常罕见的现代化"玩意儿"——不仅有抽水马桶，还有抽水痰盂，吐了痰后只要轻轻一踩一个"阀门"，痰盂中的污秽即刻就被水冲走了。门房与楼内主人的联络，使用当时非常时髦的电动报话机，有客人来了无须门房上楼通

◀ 周湘云故居外墙上的钟

▼ 周湘云故居一角

博物馆似的周湘云故居 21

▲ 故居东门

报,只需用报话机请示管家就好了。管家也是用报话机请示主人,是接见还是不见。那时绝大多数市民还在使用煤炉烧饭,而周家已经使用煤气供热的热水器洗澡了。朝着花园的大门是西门,是一个自动的卷帘门。外人是找不到开门的机关的,只有周家自家人知道,那开关暗藏在一幅浮雕的后面……这在1936年的上海滩,即便是花园豪宅,也是绝对稀罕的。尤其是一幢3层楼的房子,竟也安装了电梯,可以直达3楼顶上的小房间和大平台,更属凤毛麟角。

房子造得新奇也许是出于生意上的需要,因周湘云是做房地产生意的,自己的房子或许就是一种广告。但房子内部充满了怀古情结,简直像个小型博物馆,那就是主人自己的品位

▲ 周湘云故居西门上的暗锁是一幅画

▲ 走廊里的花窗

决定的了。周湘云的客厅、卧室和餐厅里,到处都陈列着古董,花园西部原本有一栋专门储藏文物的小楼,其中收藏着数百件三代青铜器,100余幅历代名人字画,还有数不清的各式瓷器、田黄石章、古碑拓帖等等。青铜器中有很多是晚清收藏大家阮芸台、曹秋舫、吴平斋的旧藏。其中有一个齐侯罍,是周湘云花了2万两银子从吴平斋手中买下的,一时传为豪举。字画碑帖类中最负盛名者,有唐代虞世南的《汝南公主墓志铭》、唐代怀素的《苦笋帖》、宋朝米芾的《向太后挽词》,南宋赵子固手卷、元代耶律文正王手卷、元代鲜于伯机手卷、赵孟頫手卷等,至于四王吴恽之下,石涛、冬心、新罗之作,就更多了。

中华人民共和国成立时,周湘云已经去世,他的这些藏品陆续散去,最重要的藏品入归国家博物馆,由文物界前辈徐森玉先生亲自鉴定收购的。房子于1950年由华东局外贸部机关租用,后来经过公私合营,改为门诊部至今。现年105岁的文史馆馆员周退密、施蓓芳夫妇,他们一个是周湘云的侄子,一个是周湘云夫人施彤昭的侄女,他们曾经在此居住多年,是这处海派老洋房沧桑历史的见证人。

◀ 花园虽小,有水则灵

花园里好看的大樟树

花园里的石雕

花园里还保留着当年的石笋

山不在高，有径可通

▲ 周湘云的夫人施彤昭女士

▲ 周湘云先生

▲ 周湘云的女儿周亦玲

长乐路上的宝礼堂旧址

藏宝重镇宝礼堂

长乐路666号（现为上海厚诚口腔医院）

长乐路上有一处不很起眼的独立小院，院内雪松如盖。一栋淡黄色的小洋楼，优雅地坐落在雪松之后。小楼左右两道合抱式的露天楼梯，如同美人的双臂，柔美地弯向2楼；楼的挑檐上密密的纹饰，以及敞廊中笔直的石柱，无不透露出主人非常典雅的意趣。这里中华人民共和国成立后曾是邮电医院，近些年成为中外合资的牙科医院，而在中华人民共和国成立前，这里可是一座藏宝重镇——拥有111部宋元古版藏书的宝礼堂！

▲ 宝礼堂第一代主人潘宗周（明训）

宝礼堂的第一代主人是广东南海人潘宗周（字明训，1867—1939），他1919年到上海学生意，初在洋行里当跑街，凭着机灵能干，又擅长英语，不久当上买办，后来竟当上了英租界的工部局总办。他居沪20年，有藏书癖，尤其喜好宋元古版，一般明清刻本不屑一顾。不数年，竟成为国内屈指可数的宋版书收藏大家。

他的收藏来源很有故事。20世纪30年代，袁世凯的二公子袁克文在上海因挥霍成性，落到了售书解窘的地步。有一天，袁克文携了宋版孤本《礼记正义》走访潘府，言谈之中，吞吞吐吐地道明来意。潘宗周见书大喜，即以10万两银子成交。宋版《礼记正义》至潘家时，正值潘家的长乐路新居落成，因颜其居曰"宝礼堂"。从此之后，袁克文手里的宋元孤本、善本，十之六七就源源不断地"流"向宝礼堂了。

▲ 宝礼堂第二代主人潘世兹教授

1941年太平洋战争爆发前夕，潘宗周

▲ 宝礼堂藏书楼旧址

已去世,宝礼堂第二代主人、圣约翰大学教授潘世兹先生(1906—1992),继承了其父留下的珍贵藏书,共有100多部宋元古版珍籍。潘世兹先生深恐这宗国宝落入日寇之手,就向英国在沪的亚洲文会求助,请其设法予以保护。英国亚洲文会中大有"中国通"在,居然联系了一艘英国军舰,载上这批宝贝专程驶向香港,上岸后直送香港汇丰银行保险库。潘世兹先生为此花费了高昂的存储、保险费,直到中华人民共和国成立后的1952年,方才运回上海。但是这批古籍没有再运回宝礼堂,而是在上海装上一辆国家政务院派发的火车专列,直接运往北京国家图书馆了,因潘世兹先生已决定,将这批堪称国宝的藏书全部捐献给国家了。政务院文化部特此予以颁状嘉奖。后来北京国家图书馆特藏部在编制该馆的善本书目时,特在宝礼堂的旧藏下注明"潘捐"二字,以示纪念。

潘世兹先生于中华人民共和国成立后任复旦大学外文系教授兼该校图书馆馆长,是民主同盟会成员。他英译的《三字经》在新加坡出版后,被联合国教科文组织确定为世界少儿推荐阅读书。

宝礼堂侧影

▲ 宝礼堂2楼内廊

▼ 宝礼堂楼顶雕花

▲ 2楼敞廊

▼ 2楼正门

胶州路上的刘承干旧居

大藏书家刘承干的藏书之地

胶州路450号（现为民居）

刘承干(1882—1963)这个名字,现在的年轻人知道的不太多了,但是半个多世纪以前,上海滩但凡肚子里有点翰墨的人,几乎无人不知,因为他是民国四大藏书楼之一——嘉业堂的主人。

嘉业堂位于刘承干的老家浙江省湖州市南浔镇,就在他们刘家的家庙小莲庄旁边,占地16 000平方米,藏书20万册,是一处曲径通幽、浓荫蔽日、有亭翼然的好地方。但是藏书楼建成不久,就碰上江浙战争爆发,浙江的军阀与江苏的军阀开战了,刘承干深恐自己的藏书在战火中受损,赶紧把最珍贵的藏书运到上海租界里保存。他在上海的住处,最初是在苏州河边的尊德里(弄堂正门在厦门路,后门在苏州河南岸),那是他的祖父刘镛(南浔首富,号称南浔"四象"之首,以经营南浔的"辑里丝"发家)在上海的发家之地。后来他自建洋房,建了一栋非常气派的大花园洋房,地址在爱文义路(现在的北京西路泰兴路),鲁迅先生曾慕名到他家买书,就是在这个地方。那栋楼后来成为他的儿子刘䜣万先生的婚房,中华人民共和国成立后国家征用,成为北京西路第二小学,可惜现在被拆掉了。

抗战胜利后,刘承干先生搬入胶州路450号,他藏书中的"铭心之品"也随他迁入这里,直至老人家逝世。解放初,南浔的嘉业堂藏书楼里尚有11万册藏书,他连楼带书,还有藏书楼所在的花园,以及他刻印典籍的雕版,统统捐献给国家,现在是浙江省图书馆嘉业堂分馆。

▶ 大藏书家刘承干先生

刘承干的藏书有四大特点：其一是宋元旧版丰富，有65部宋版书、74部元版书、宋元明递修本（所谓三朝本）21部；其二是名家手稿本、名家抄校本众多，竟达2 000余种。当年担任嘉业堂负责人的百岁老人周子美先生，曾撰《嘉业堂抄校本目录》一书，全面介绍了这一宗藏书的情况；第三是大宗的明刊本，也有2 000部，抗战中被郑振铎先生代表中央图书馆买去，现存台湾中央图书馆；第四是丰富的地方志资料，达4 000余部，其中有29种是海内孤本。除此之外，刘承干先生还出资刻印了大量珍本古籍，达179种3 000余卷（雕版达4万余片），分赠海内外学者，以广流传，士林传为佳话。

刘承干先生一生无声色犬马之好，唯书是嗜。他家的文脉源远流长，后代都是读书人。他的儿子刘䜣万先生（1914—2011）圣约翰大学毕业，曾在银行界任职，是著名的昆曲专家、书法家、上海文史馆馆员，以97岁高龄辞世。他的第三代均是各科专家、教授。惟老人家的旧居风光不再，楼前偌大的花园草地不知何时不见了。

▼ 刘承干上海旧居外景

大藏书家刘承干的藏书之地 35

▶ 刘承干旧居的围墙

▶ 刘承干在南浔的嘉业堂藏书楼内景

▶ 刘家的家庙南浔小莲庄

▲ 刘承干上海旧居大门

大藏书家刘承干的藏书之地

▲ 刘承干在南浔的嘉业堂藏书楼

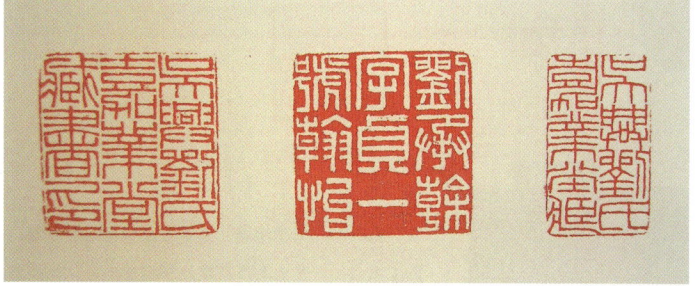

▲ 刘承干的藏书印章

唐星海旧居现为法国领事馆总领事官邸（此为北门）

唐星海旧居的陈年往事

淮海中路1431号（现为法国驻沪总领事官邸）

淮海中路乌鲁木齐路路口的法国驻沪领事馆总领事官邸，是一栋西欧风格的大花园洋房，建于1921年，在上海滩上千栋漂亮的花园豪宅中，以典雅和华贵久负盛名。它在外观上不追求奇特多变的造型，而看重格局的开张和气场；不回避略显呆板的对称，而宁肯突出贵族式的内敛和凝重。

这栋房子原是外国人巴塞的住宅，后来卖给了上海纺织界的富商唐星海（名炳源，1900—1969）。唐氏家族是江苏省无锡市具有200多年经商传统的富商大户。唐星海的高祖一代就已经开始经营绸业，他的父亲唐保谦（滋镇）是无锡第一代现代工业的开拓人，创办了庆丰纺织厂、锦丰丝厂、九丰面粉厂等很多企业，在实业界很有影响。唐星海于美国麻省理工学院毕业，1923年回国后继承家业，在20世纪30年代，将家族企业的重心移至上海，创办了保丰纺织厂、源丰机器厂，还联合上海和浙江的银行家，合

▲ 青年时代的唐星海先生

▲ 唐星海旧居南立面

▲ 唐星海旧居

▼ 客厅一角

▲ 唐星海旧居南门

▼ 南部草坪

▲ 花园东侧的凉亭

▲ 走近凉亭

办了建安实业公司。他把现代企业管理的理念引进自家企业，使这些企业有了长足的发展。中华人民共和国成立前夕，唐星海离开上海去香港，创办了香港最大的棉纺企业南海纱厂和美丰实业公司，还发起创办香港中文大学和新亚学院，长期担任了香港中文大学校董和香港新亚学院校董主席，成为香港著名的实业家和慈善家。

大概唐家人不会想到他们离开后，这栋楼里发生的一些事情，更不会想到此楼地下室在特殊年代的"特殊作用"。20世纪50年代和60年代初，这儿曾是朝鲜驻沪领事馆。到了"文革"期间，竟成了外贸局造反派的一个据点。外贸部门既然是办外贸，自然要汇聚一些懂得外文又懂业务的人，而这些人中不少是从旧社会过来的老知识分子，或是1949年后从国外回来的人员，但是到了"十年浩劫"期间，造反派就要清算他们"里通外国的罪行"了。造反派要找个关

"牛鬼"的"牛棚",居然想到了此楼的地下室。

　　此楼的地下室面积不小,但潮湿阴暗,平时派不了什么用场,而这时用来关"牛鬼"正合适,一来人跑不了,二来搞逼供信,喊叫声传不出去,那时居然关了三四十名"牛鬼",一关数月。袁世凯的孙子袁家卫先生是1949年后响应国家号召,从美国回国的高级知识分子,他的父亲是袁世凯的六儿袁克桓(心武,世称袁六),与唐星海是好朋友,生意上有合作(江南水泥厂),唐星海还请袁克桓来唐家豪宅里吃过饭。谁知时过境迁,袁家卫竟然被打入这里的地下室,而且他的妻子朱章绣也被关了进来,受尽虐待。地下室潮湿的环境使他们患上了严重的关节炎,始终无法治愈。

　　粉碎"江青反革命集团"以后,这座美丽的花园洋房重又焕发了青春,现在是法国驻沪总领事的官邸,在此之前是法国驻沪总领事馆。为推动中法之间的友好合作和文化交流,这儿常常名流云集,充满了欢声笑语。尤其每年7月14日法国国庆节,总领事总要在花园里举办超级派对,中外朋友济济一堂,有歌声,有美食,有好酒,那欢乐的旋律总要延续到深更半夜。

▼ 小楼一角

丁贵堂二进税务司官邸

汾阳路45号(现为汾阳花园酒店)

江海关税务司官邸旧址全景

　　汾阳路上的汾阳花园酒店，原是中华人民共和国成立前江海关（上海海关）税务司的官邸，建于1932年，是设计国际饭店的著名匈牙利建筑设计师邬达克的又一杰作。

　　这幢西班牙风格的小楼，红顶黄墙，线条洁净，色调明快，坐落在一片

▲ 丁贵堂先生

绿草地上，显得十分阳光、秀气。小楼楼高三层，左右基本对称。微显弧形的布局、拱券式的门廊和大小内外阳台，奢华而不张扬，俊秀而不铺排，使小楼平添了一层宫廷式的典雅气韵。楼的一层和三层的窗户、门洞，线条基本为半圆形，而二层楼的却是四方形，这样变化多样的建筑旋律，很能说明设计者独到的艺术匠心，难怪此楼被誉为上海滩顶级老洋房之一。

丁贵堂先生（1891—1962）是辽宁人，北京税务专门学校毕业，标准的科班出身，长期在各地海关任职。他很有正义感，对外国人欺负中国员工的行径大为不满，曾联合总税务司的中国职员与洋人交涉，为中国员工争得了房贴和煤贴等福利待遇。他曾担任中国海关的副总税务司、代理总税务司，是中国人在1949年以前海关的最高职务者。

▲ 从内廊可见满园春色

▲ 税务司官邸北门

20世纪40年代，他在担任江海关副总税务司时曾入住此楼。因其敌视日伪，曾被日本宪兵队拘捕，获释后又被软禁在此，后来在朋友的帮助下潜往重庆。抗战胜利后，他成为国民党接收汪伪海关的大员，再次入住此楼。当时的海关总税务司是美国人李度，他是副总税务司，因抵制国民党政府官员的"五子登科"，大搞战后物资的"劫收"，而与国民党当局闹翻。

中华人民共和国成立前夕，国民政府通知他去台湾，他表面上敷衍，而暗中与中共地下党取得了联系，与海关职工一起，参与了保护海关，迎接上海解放的艰苦斗争。他率领总税务司署和江海关（包括浚浦局等）职员起义，还将外滩江海关大楼七楼的一间办公室，让给工人纠察队作指挥部，有效地配合了上海解放。

中华人民共和国成立后，丁贵堂先生出任中国海关总署副署长、海关管理局局长，全国人民代表大会第一、第二届代表，调往北京。由于他非常熟悉海关情况，毛泽东直呼其为"丁海关"。

这幢房子于中华人民共和国成立后长期作为上海海关专科学校、海关学院的办公楼。现为汾阳花园酒店。

▲ 楼梯拐角

▲ 优雅的小窗

▲ 敞亮的底层客厅

小楼一景

东平路上的席家花园

东平路上的席家花园

东平路1号（现为上海音乐学院附中）

东平路上的席家花园

位于东平路、岳阳路拐角的席家花园，原是一处占地2000多平方米的老式花园洋房。楼高三层，红顶黄墙，内部装潢十分考究，凡是有木质装饰的地方均有精美的雕花。小楼底层的南部有一道漂亮的内廊，中间突出，两侧向北收敛，两根乳白色的大理石柱一左一右，非常典雅。从内廊望出去，是一片宽阔平整的草地，草地上散置着遮阳伞和孩子们的玩具，还有一个网球场。

不少市民以为这是20世纪40年代中国银行总经理席德懋的老宅，其实他们弄错了一个字，不是席德懋，而是席德柄（又写作席德炳，1892—1968），是席德懋的弟弟。席德柄虽然名气不如他哥哥大，但也是民国金融界的重要人物。他早年留学美国，是麻省理工学院（MIT）的工科学士，回国后长期从事财税、金融工作，曾任江海关内地税局副局长、江汉关监督、中央造币厂厂长、复兴贸易公司总经理，在民国金融界挺有影响。

▲ 席家花园原主人席德柄、黄凤珠夫妇在小楼前

席德柄之所以留学读的是工科，而回国后干的却是金融，这大概与他们席家的金融地位和经营传统有很大关系。他们这个席氏家族是中国近现代著名的金融、买办大家族，出了一大批很有影响的银行家和实业家，被称之为银行界的洞庭帮。近代中国最大的外资银行汇

▲ 中学时代的双胞胎席与明、席与昭在席家花园

▲ 席家花园老照片

▲ 席家花园北门

丰银行的买办席正甫，就是席德柄的祖父。席德柄是这个金融世家的第三十九世孙。

席德柄的哥哥席德懋在金融界更显亮眼，他是科班出身的金融家（英国伯明翰大学商科硕士，与徐新六、胡孟嘉是同学），回国后先是自营国际汇兑，出任华义银行买办，北伐战争后进入中央银行，被财长宋子文依为臂膀，任业务局局长、汇兑局总经理，1948年任中国银行总经理。不过席家兄弟与宋家还有一层亲戚关系，即席德懋的小女儿席梅英嫁给了宋子文的弟弟宋子良，席家与宋家的关系就不言而喻了。因此席家花园所处的方位就很有讲究了，是上海人心目中顶级的家居地段，况且与东平路9号的爱庐（蒋介石和宋美龄的别墅）是近邻，与宋子文的豪宅（岳阳路145号）也相距不远，周围环境幽静，绿树成荫，花园挨着花园。

席德柄的夫人是浙江湖州双林黄家的小姐黄凤珠，他们有8个孩子，一男七女，唯一的儿子叫席与文，长得像父亲，而7个女儿都像母亲，个个出落得如花似玉。所以席家花园里不仅老太爷席德柄出名，他家一群漂亮的小姐们名气也不小，大多在市西女中读书，其中老三席与昭和老四席与明是双胞胎，能歌善舞，青春靓丽，经常被亲朋好友请去当婚礼上的女傧相。

抗战前席德柄一家过着十分平静的生活。抗战中他们的生活发生了巨大的变化，席德柄随国民政府撤到重庆去了，席与文赴美国留学，席家花园中只剩女主人和一群小姐。1941年年底席与明和席与萱乘船赴美留学，谁知她们刚走不久，就传来一艘美国邮轮在公海上被炸的消息，太平洋战争爆发了。她们的母亲以为两个女儿遇难了，顿时瘫软下来，最后竟郁郁病逝了。那时席与时只有12岁，正在读初中一年级，席与景和席与韵都还是小学生。这时，她们的三姐和三姐夫二话不说，把3个小姐妹接到自己家，直到抗战胜利。

中华人民共和国成立初期，席家人先后都到美国发展，这栋房子由政府房管部门代管，曾做过上海音乐学院附中的办公楼、戏剧服装工厂，改革开放后变成席家花园酒家，目前由上音附中收回。

▼ 席家花园侧影

▲ 室内壁炉

▲ 席家花园的彩色花窗

▲ 席家花园内景

▲ 席家花园夜景

▲ 漂亮的小阳台

古钱大王张叔驯的旧居

古钱大王张叔驯旧居

湖南路105号（现在整修）

从淮海中路南鹰宾馆的北墙至湖南路、武康路一带，100年前曾是一个占地约2万平方米的大花园。花园的主人原是一个爱好火车模型的英国人，他在花园的周边铺设了一圈小火车轨道，用来收藏和奔驰他的小火车。1931年，那英国人把花园卖给了民国元老张静江的侄子、中国古钱大王张叔驯。张叔驯曾争取连同那辆小火车一起买下来，但英国人没舍得。

张叔驯请外国朋友在此设计、建造了两栋房子，西边的一栋自家住，东边的那栋归他的侄子、后来成为著名书画鉴定大师的张葱玉。两栋小楼的式样是对称的，中间有一个喷泉，楼前有宽大的草坪，是天然的草地网球场，可以安排4对选手同时开赛，每到夏天，张家常在下午招待朋友们前来打球。张叔驯夫妇都喜欢打网球，他们非常喜欢朋友，还常在打球之后用西餐招待朋友们。因此张静江的女儿张菁英与她的好友李霞卿、颜雅清等，都是他家的常客。但更多的时候，张叔驯则在自己小楼的3楼，摆弄他的古钱和古玉。

1935年英国伦敦举办中国古代艺术品展览会时，故宫博物院还拿不出很多够品位的古玉，就从张叔驯家借去了65件古玉参展（有当时出版的参展目录为证）。自然，他最负盛名的收藏还是古钱，曾藏有许多海内外"孤品"，其

张叔驯旧居远景.

中"大齐通宝"就是最罕贵的一枚,张叔驯因此把自己的书房题名为"齐斋",把自己考证古钱的笔记,定名为"齐斋笔记"。

这栋房子造得非常考究,完全是西方线条式的建筑风格。1楼朝南是大客厅和大餐厅,最东头是一个半圆形的阳光房,北边是厨房和储藏室。2楼除了主人的卧室和两个儿子的卧室,还有书房和活动室,朝南有一个很宽敞的平台,那是夏夜纳凉的好地方。三楼只有一间大房间,那是张叔驯的藏宝之地,他所有珍贵的古钱和古玉均收藏在这间房间里。抗战爆发后,他将其中一部分藏品随身带去国外。

1938年,张叔驯一家辗转去了香港、欧洲、美国。此房先是出租,后来卖给了孙科的夫人兰妮。张葱玉的那栋,最后卖给了金城银行的老板周作民。中华人民共和国成立后这两栋房子经过公私合营,张叔驯旧居成为上海交响乐团,张葱玉住的那栋成了解放军总参二部的一处保密机关。但是花园里风光不再,南边的大草坪缩小了许多,上面竖起了数栋高楼。北部的花园和菜地也不见了,花园里的那条小河也不见了,原先养狗的狗房被改造成了楼房。近些年,张家子弟凡是回沪探亲的,均要来此怀旧一番。

张叔驯旧居侧影

张叔驯旧居远眺

▲ 古钱大王张叔驯

◀ 张叔驯旧居的书房和阳光房

◀ 张叔驯旧居北门

▲ 张叔驯的妻儿徐懋倩、张南琛、张泽琏

▲ 张叔驯最负盛名的古钱：大齐通宝

▲ 小楼南侧的草地

郭棣活先生的虹桥别墅旧址

郭棣活先生的两处豪宅

华山路893号（现为上海工商联所属单位）

老上海们都知道，华山路复兴西路口的那栋漂亮豪宅，原是著名实业家、永安纱厂老板郭棣活先生的旧居，郭先生曾无偿地、长期借给上海市民建委员会和工商联使用。

其实很多人有所不知，早在1958年，郭先生就已经捐献过一幢豪宅了，而且是一栋带有1万平方米大花园的漂亮洋房，即现在虹桥路上西郊宾馆的6号楼。那原是郭先生在中华人民共和国成立前置办的一处别墅，周末和节假日常带全家来此度假，有时也用来招待客人。那一带有宽阔的草坪，清澈的小河，高大的香樟树，环境十分幽雅宜人，小河里还可以划船，河边另有好几栋外国人的别墅。当时有人问他为什么要捐献？他回答说："现在中华人民共和国成立了，我们大家要多为国家着想。我在市内有这么好的房子，在郊区就不必再设别墅了。而且，连毛主席都没有私人别墅，我怎么能有呢？"听者无不为他的磊落胸怀所感动。

▲ 郭棣活先生

郭先生的市区住宅就是华山路893号。这幢豪宅通体洁白，由几棵巨大的芭蕉树掩映着，整体设计上似乎追求现代建筑的造型美——南部是花园，北部是主楼，楼高3层，错落有致，大门开在华山

▲ 郭棣活先生的夫人马锦超女士

路上。主楼北门的旁边，有一圆柱形的天蓝色玻璃幕墙，造型非常突出，里面是蜿蜒而上的楼梯，既显示出现代派建筑通透、整洁、高雅的特点，同时也解决了楼梯和走廊的采光问题。楼的底层是餐厅、客厅、舞厅和书房；二楼正南间是郭棣活、马锦超夫妇的卧室，东侧是儿子们的卧室，西侧是小姐们的闺房，西侧厢房是女佣的住处。这栋房子1948年落成时，曾举办过一场盛大的乔迁派对，沪上很多工商界朋友都跑来庆贺，无不赞赏此楼比马路对面的外国人别墅还要漂亮。

20世纪50年代，郭先生带头参加公私合营。1958年9月出任广东省副省

▲ 华山路上的郭棣活旧居(北侧)

▼ 郭棣活华山路旧居南侧

▲ 华山路旧居近影

▼ 华山路旧居一角

▲ 楼内好看的楼梯

▲ 郭棣活的虹桥别墅现为西郊宾馆6号楼

长,主管轻工、纺织工作,此后在上海居住的时间少了,但他仍与上海保持了密切的联系,曾率广东省轻工业厅、广州轻工业局的干部到上海参观学习,在广东推广上海的管理经验与先进技术,收到了很好的效果。郭先生调到广州工作后,他的孩子们因在上海读书,就仍旧住在这栋楼里,夫人马锦超女士则上海、广州两头照应着。直到"文革"十年浩劫爆发时,她们被迫离开了自己的家园。"文革"结束、落实政策时,郭先生把它借给了工商联机关使用。那花园虽然远不如虹桥别墅的花园大,但也打理得郁郁葱葱,各种花卉四季斗艳。

1986年,郭棣活先生在广州逝世,但他留在上海的两处豪宅,就像他的纪念碑,常常唤起上海人对他的美好回忆。

郭棣活先生的两处豪宅

▲ 郭棣活虹桥别墅边的小河

花园里还以古树名木著称

精美的海关总税务司官邸

淮海中路 1897 号（现为上海市委某机关）

精美的海关总税务司官邸

淮海中路靠近华山路的地方，有一处普通市民不太有机会走进的花园洋房。那花园占地5 000多平方米，周边围着一圈高大的梧桐树和香樟树，显得有点神秘，树丛中坐落着一栋红瓦黄墙的小楼。这小楼外表看起来并不太奢华，与淮海中路一带的大花园洋房相比，多少还显得有些"古朴"，但它的精华都"藏"在内部，除了内部结构，还体现在一些小部件上，尤其是它的壁灯和窗饰，造型别致，花样繁多，可能是上海滩花园洋房中最为精致多彩的了。

那些壁灯和窗饰都是铜质的，油光铮亮，舒卷自如，80多年来工作人员无需特别的护理，均没生锈，可知其质地上乘。至于造型，有的像月季花，有的像喇叭花，也有的枝藤缠绕，叶瓣繁复，给人以春天和绿地的气息……可知房子的设计者很懂得生活，通过装饰的细节，力图给人以精神的放松和美的享受。

此房建于1933年，是中国海关为总税务司（海关总署长官）建造的官邸。此楼在《上海房地产志》上名不见经传，但事实上，若干年来进出的全都是很有影响的人物。当年房子造好之后，英国籍的总税务司入住，没几年抗战爆发了，太平洋战争之后房子被日本人占据。1945年8月日本政府投降以后，被国民党敌伪产业管理局接管，这期间，著名民主人士杜重远和冯玉祥将军都曾来此租住过，杜重远先生还在此会见过潘汉年先生。

▲ 外观并不出众的海关总税务司官邸

▲ 造型独特的壁灯

▲ 原汁原味的铜质大吊灯

▲ 壁灯的花样繁多

中华人民共和国成立初,这栋房子由原海关总署上海临时办事处移交华东贸易部使用,后来作为部队首长的宿舍,上海警备区王司令曾经入住。"文革"后部队与上海市置换房屋,这处花园洋房成为上海市委机关事务管理局的财产,1986年至1992年归中共上海市委顾问委员会办公使用,江泽民、朱镕基同志都曾来此看望过老同志。这期间,市委机关事务管理局曾对房子进行过大修,发现其地下管道和其他设施尽管很复杂,但均设计得非常合理。施工的工人还在地下发现一条长达3米的蛇皮(蛇蜕),据修房的老工人说,这条蛇现在还活在此楼的地下,它不会伤人,大家也不要伤害它。

如今这栋精美的洋房成了市委老同志的学习、活动室。

▲ 花窗外的花园

▲ 小楼侧影

▼ 楼梯从门厅斜上2楼

▲ 吊灯和2楼的护栏

▼ 宽敞的门厅

▲ 花枝造型的壁灯

线条优美的内廊

何东旧居西侧

何园的《辞海》缘

陕西北路457号(现为上海辞书出版社)

上海辞书出版社是出版界工作环境最优雅、花园面积最大的一家出版社——7 000多平方米绿毯似的草地,平展展地伸向北京西路、陕西北路,使这个原本喧闹、毫无诗意的街口,变得格外秀美、亮丽——这也难怪,因为这里原是著名实业家、慈善家、香港太平绅士何东爵士的上海旧居。

何东爵士(1862—1956)的一生极富传奇。他生于香港,父亲是英国人,母亲是中国苏州人,17岁时在广州海关做事,不久进入怡和洋行任职,由于他开拓性的杰出工作,很快升为副经理。后来他回到香港独立经商,凭借超人的智慧和多年的经验,不数年就成为香港首富,还是汇丰银行及上海黄浦船坞公司的大股东,投资和担任董事的企业有数十家之多。第一次世界大战期间,中国民族工业大发展,何东增加了对上海的投资,是多家公司的主要股东,还投资房地产,在虹口一带买了很多地皮。由于在沪事业的发展,需要有人长期坐镇打理,1926年,何东先生买下了西摩路、爱文义路(现陕西北路、北京西路)路口的一大块土地,兴建自己的上海公馆。

▼ 何东旧居东立面

何园的《辞海》缘

▲ 风格独特的东门

▲ 何东爵士的上海旧居

▲ 阳台也很有气势

▲ 敞亮的客厅

▲ 何东旧居侧影

▲ 边门

▲ 何东旧居的大草坪

▲ 门口精美的雕花

房子落成后,他派儿子何世俭长住上海,成了这栋大花园洋房的主人。这栋房子建得很有气派,除了屋南的大花园,主楼南立面有4根罗马式巨柱,东门由一组雕花的"牛腿"支撑,室内壁炉和楼梯转角,无不饰以精美的雕饰,显示了房子主人不同凡响的身份和气场。

1949年以后,何东先生的后代离开上海回香港,此地由上海房地产部门接收。

1957年,自从毛泽东对舒新城先生说"极为赞成"编《辞海》之后,这里就成了各个学科顶尖人才和领军人物的荟萃之地,成了一所不是研究院的研究院,不是"太学"的"太学"。1958年,中华书局《辞海》编辑所在这里正式成立,参与编写这部中国规模最大、最权威的工具书的专家学者,先后共有400多位(在浦江饭店集中过3次),其中有德高望重的陈望道、苏步青、谈家桢、郭绍虞、赵超构、李俊民、徐森玉、罗竹风、李平心、刘大杰、丰子恺、周信芳、孟宪承、程门雪、赵景深、朱洗……仅仅看这个名单即可明白,这是个何等重要、何等权威的项目,一时还出现了"满城争说编《辞海》"的现象。

但是,尽管这个花园里景色秀丽,花木丰盛,而来自花园之外的政治风浪的冲击,几十年间从未断过,使《辞海》编纂的过程,充满了艰辛和坎坷。至2009年,《辞海》一共修订了6版,每一版都伴着一串惊心动魄的故事。1979年修第三版时,当时虽然"江青反革命集团"被粉碎了,十一届三中全会刚刚结束,但是《关于建国以来若干历史问题的决议》远没有问世(是在两年后才作出的),当时对于"无产阶级文化大革命""以阶级斗争为纲"的是非,并无定论,甚至还是讨论的禁区,于是,究竟如何来写"阶级斗争""路线斗争"? 对孔子、海瑞等历史人物怎么写? 对领袖人物该怎么写? 一时都成了焦点问题,没有一个上级愿意回答这些问题。然而有一条上级是很明确的——到1979年国庆30周年时,新版《辞海》必须作为献礼项目面世!

这时,《辞海》编辑部作出了一个大胆的决定,自行出台了一个"《辞海》处理稿件的几点具体意见",坚决否定了"以阶级斗争为纲"和"无产阶级专政下继续革命""资产阶级司令部"等说法,率先在这个漂亮的花园里进行拨乱反正了。凡有过"文革"经历的人都会明白,这是一种多么"危险"的、"好了伤疤忘了疼"的举措。但是事实证明,他们做对了。读者的眼睛是雪亮的,这年的《辞海》第三版印了300万册,还是供不应求,以至于出现青年男女要持结婚证才能买到一套的局面。

▼ 节奏舒缓的楼梯

▲ 门厅

▲ 面对花园的舞厅大门

此楼现为市西初级中学办公楼

胡寄梅家族的海派家园:梅庐

万航渡路618号(现为上海美术电影制片厂)

▲ 胡寄梅的孙女胡其瑛,是宋子安的夫人

位于曹家渡的上海美术电影制片厂,从前是一个海派大家族的家园——梅庐,占地13 000多平方米,里面有5栋洋房、4片网球场(2个草地网球场、2个沙地网球场)、一个游泳池。院子很大,中间有个大花坛,汽车从正门开进去,得绕过花坛再从边门开出来。

之所以有5栋洋房,因为胡家老太爷胡寄梅有4个儿子,一人一栋,加上老太爷本人,就必须5栋。之所以院子里有网球场和游泳池,是这个家族的特点决定的。胡家是个买办世家,安徽人。在他们之前,安徽人在上海当买办的并不多,但胡寄梅有个姑父在上海新沙逊洋行当买办,就是苏州东山人沈二园,凭着这一层关系,沈二园夫人胡氏的两个侄子胡寄梅、胡迪栏都来到上海,逐渐成了外商银行里的著名买办。

胡寄梅初在洋务局学英文,回家转教他的堂兄胡迪栏。胡寄梅非常聪明能干,很快进入了中华汇理银行和麦加利银行任职,逐步又当上了有利银行、华俄道胜银行和华比银行的买办。胡迪栏则当上了汇丰银行虹口办事处的买

▲ 胡家当年在游泳池边的派对

办，在汇丰银行干了50年。他们两兄弟在十里洋场站住脚后，又为胡氏家族培养了一批新的买办。胡寄梅的4个儿子，圣约翰大学毕业后，几乎全都进了洋行——老大胡筠籁是日本三菱银行的买办；老二胡筠秋继胡寄梅之后，任华比银行买办（老三年幼早夭；老四是女儿，嫁到辛家花园）；老五胡筠庵，曾任上海纱布交易所的副理事长；老六胡筠庄，毕业于烟台海军学校，任德华银行买办。胡氏家族后来还与宋氏家族联姻，胡筠庄的女儿胡其瑛嫁给宋子文的弟弟宋子安。胡筠庵的亲家是唐腴汝，即海上名媛唐瑛的哥哥，他在北站为宋子文挡了一枪，被暗杀大王王亚樵误中，成了宋家的大恩人。这些故事老上海们几乎无人不知。

洋学堂和洋行生活的熏陶，使胡家全家都迷上了网球和游泳，所以花园里不仅有4片网球场，还有一个规模不小的游泳池。胡家子弟还组建了一个"梅庐网球队"，常常外出参加比赛，每到周末，院子里总是聚集了很多网球朋友。每

▲ 胡家四兄弟：胡筠籁、胡筠秋、胡筠庵、胡筠庄

▲ 胡家四兄弟及其夫人

▲ 1920年的梅庐

当夏季来临,他们的网球场就向朋友们开放,有时候朋友们来得实在太多了,竟到了要发放入场券的程度。夏日的晚上,游泳池边常常举办派对,中外朋友,男女盛装,杯盏交错,游泳池里映照着人们的倒影,当是上海滩最具海派风情的生活场景。

　　胡家的第三代现在大多都在海外生活。梅庐中原先胡筠庄住的那栋房子,中华人民共和国成立后成为上海美术电影制片厂的办公楼,另有一栋现在是沪西初级中学的办公楼,其余3栋不是被拆掉就是改建他用。原先的游泳池曾长期作为静安区工人游泳池,现已不存。

▲ 现存梅庐老洋房之一

胡寄梅家族的海派家园：梅庐

▶ 现存梅庐老洋房之二

▶ 此楼现为上海美术电影制片厂的办公楼

▶ 梅庐一角

罗根花园北立面

沙逊为罗根花园打官司

虹桥路2310号（现在空置待修）

沙逊为罗根花园打官司

从市区驱车去西郊公园，路过程家桥的时候，可见路边绿树掩映之中，有一栋十分精巧的小洋楼，这是当年沙逊在沪的又一栋别墅。沙逊在外滩及市中心黄金地段拥有10多栋摩天大厦，仍不满足，还要在西郊虹桥一带构建豪华别墅。20世纪30年代，他以非法手段购得了程家桥附近共7万多平方米土地，兴建了两处花园别墅，其中一处就是这座罗根花园。按照当时中国政府的规定，外国人在租界之外是不享有土地所有权的。沙逊这时要了一个滑头，叫中国人邢鼎丞为之出面购买，然后私下又与邢立下字据，说明产权归沙逊名下的大中实业公司，这样蒙混到太平洋战争爆发。

▲ 小楼北门

1941年年底太平洋战争爆发后，日本人进入上海租界，沙逊的产业被日本人占据。日本人为了筹集军费，由日伪"敌产管理委员会"把这处别墅卖掉了，后来又几经转手，成了寅丰毛纺股份有限公司老板王云程的房产。抗战胜利后，沙逊回到上海，提出要收回罗根花园的产权，而王云程拿出文件，证明这是自己花钱买来的。于是打官司，官司打了几年也没有结果。中华人民共和国成立后，沙逊继续打官司，上海地方法院细审了案子，通过律师告诉他，根据中国国家的法律，外国人在郊区的土

▲ 天使喷泉

地一律无偿收归国有，于是沙逊只好作罢。

这处英国乡村别墅式样的大花园，的确非常讨人喜欢。小楼是砖木结构，白色的山墙裸露着黑色木屋架，屋顶是陡坡红瓦顶，在大面积的绿地衬托下，显得非常华丽、典雅，甚至有些童话世界的效果。花园里有一池喷泉，3个小天使可爱地围在一起。中华人民共和国成立后1956年公私合营时，此园还是寅丰毛纺公司的财产，后归上海纺织局职工疗养院使用，并被列入上海市文物保护建筑。改革开放以后由海南置业集团租用。

▼ 当年沙逊的别墅"罗根花园"

沙逊为罗根花园打官司　93

▲ 维克多·沙逊

▲ 楼梯口

▲ 王云程、姚翠棣夫妇

▲ 抗战期间成了王云程的别墅

楼下停放汽车

严裕棠旧居

机器大王严裕棠旧居

武康路212号（现为民居）

机器大王严裕棠旧居

严裕棠先生（1880—1958）是我国民族机器制造业的先驱，中国著名企业大隆机器厂的创办人，是上海滩的传奇人物之一。

他十几岁时在一家洋行里干杂活，业余跟一位黄老先生学"洋泾浜"英语，凭着用心好学，办事机敏，不久当上了公兴铁工厂的跑街。那个铁工厂在黄浦江边，主要业务是延揽外国轮船的维修生意。严裕棠外语讲得好，又勤于跑腿，生意接得多，使该厂生意大旺。1902年他独立出来，与一个伙伴合作办厂了，最初在杨树浦时只有7个工人、2间平房、几台车床。几年后他又独立出来，不断开拓，逐步发展成百余人的大隆机器厂了。1914年第一次世界大战爆发，外国技术人员大批回国，国内厂家的机器维修和制造主要仰仗民族企业了，这给严裕棠带来极大的发展

▲ 严裕棠的儿媳钱小铮女士在小楼东门

▲ 钱小铮女士与外孙女秦蔼美在老房子楼前

▲ 严裕棠的小儿子严庆禄一家在严家花园合影

▲ 著名实业家严裕棠先生

空间,他抓住机遇大力发展,很快成为私营机器制造业里"大哥大"。

1937年"八一三"沪战爆发后,他在杨树浦的厂房遭到日军轰炸,损失极大。他家在平凉路25号的住宅因临近战区,很不安全,于是赶紧把劫后的机器运至租界内另图发展,在沪西的东诸安浜路建造了新厂,他和家人就搬进了现在武康路212号的花园洋房。

这是一栋英国乡村别墅式的花园洋房,原先的主人是个德国人,沪战爆发后德国人售楼走人。此楼楼高3层,红瓦黄墙,周边竹篱笆环绕,十分典雅。屋南有一方花园,花园里有小桥流水,四时花卉,别有情趣。楼内的装潢十分讲究,有壁炉和热水汀。严裕棠的夫人非常节俭,她把花园的草地铲去一块,在上面种瓜种菜,还时常亲自去打理,初来乍到的客人还以为她是家里的佣人呢。

中华人民共和国成立前夕,严家已是一个拥有7家工厂的实业型大家族了,能够生产整套的棉纺织机和小型拖拉机,还有了自己的炼钢炉。20世

▲ 严裕棠的孙女严圭珏小时候在严家花园东门

▲ 严裕棠先生的孙子严仲泰、孙女严圭珏在一楼平台

纪40年代末老六严庆龄刻意发展汽车工业，创办了台湾的第一家汽车制造厂——裕隆汽车公司，后来成为台湾的汽车大王。20世纪50年代公私合营。这处花园洋房后来一直由其最小的儿子严庆禄、钱小铮夫妇一家居住，"文革"中被扫地出门，直到1984年落实政策才得以发还。改革开放以后，因孩子们大多去海外发展，2000年后售给了南京路上恒隆商厦的老板。

▲ 严裕棠旧居底层客厅

▲ 武康路上的严裕棠旧居

房子虽经过改造,仍保留了当年的露天楼梯

家有教堂的朱季琳公馆

绍兴路5号(现为上海市新闻出版局大楼)

绍兴路5号那幢淡黄色、略带弧形的办公大楼,现在是上海市新闻出版局的机关大楼。大楼外观稍显呆板,除了顶楼屋檐的花纹、门口绞丝形的柱子,以及那条从二楼伸出、直落草地的楼梯外,其余与现在的办公大楼没有多少区别。但在70多年前,这是一个非常特殊、非常热闹的地方。

这幢房子原是南市华商电气公司和合众轮船公司老板朱季琳的住宅。这栋是主楼,主楼以东还有8栋小洋楼,那是朱老太爷给8个儿子置办的。朱家是上海滩著名的天主教大家族,祖籍安徽,前后四五代人都信教,出了十几位神职人员,包括一名主教朱西满。翻翻上海的名人辞典和上海通志,会撞上许多朱氏家族的族人和朱家的近亲:朱朴斋、马建勋、马相伯、马建忠、朱志尧、朱云佐、朱西满、朱季琳、宋书荪、朱继声、朱洪声、朱俊声、朱鸿章、朱怡声、朱斌侯,等等。朱季琳是朱家四兄弟中的老四,他大哥是著名实业家、上海求新造船厂的老总朱志尧;朱朴斋是他的父亲;马建勋、马相伯、马建忠都是他的舅舅。

由于信教,朱家人必须每周去教堂做礼拜。由于家口太多(朱季琳、宋玉夫妇共有14个儿女,几十个孙子孙女外孙),出入总是忽拉一大群人。所以在20世纪30年代初造这幢房子的时候,朱季琳就在自家大楼里设了一个教堂,反正自己的儿子中就有神父。既然有了教堂,与之相适应的唱诗班、小

▲ 朱氏大家族在楼前合影(中排居中是朱季琳夫妇)

▲ 朱氏大家族在自家花园里合影(中排居中是朱季琳、宋玉夫妇)

▲ 朱家小乐队在娱乐厅练琴

乐队也就都配齐了。主楼里常有热闹的场景，宗教性的活动特别多，首先是做弥撒，如元旦迎耶稣；五月第一周迎圣母；复活节办酒会；圣诞夜狂欢……遇到老人过生日，不仅要做弥撒，还要在花园里举办规模不小的派对。

这幢楼里厅堂很多，除了教堂还有大小十几个厅，如中餐厅、西餐厅、舞厅、弹子房、电影室。在其中服务的除了中西厨师、清洁工、奶娘，还有木工、电工、泥瓦匠、花匠、理发匠等，简直像个小社会。

▲ 朱季琳的孙子朱兆和在阳台上练琴

最有趣的是那支快乐的西洋小乐队，在上海滩很有名气。每个周日上午到了乐队练琴的时候，娱乐厅里吹吹打打，声势震天。而且，他们以琴会友，对外开放，欢迎朋友们来旁听。于是同学带同学，朋友带朋友，一到星期天，就格外热闹。小乐队原先以朱家子弟为主，叫朱氏乐队，到后来，几个在法租界生活的瑞典、美国、苏联籍的发烧友也陆续加入了。他们的朋友、同学中的发烧友经不住诱惑，也有加入的，于是就改叫上海业余乐队。最"牛气"的时候，他们拥有2架钢琴、4把风管（saxophone）、2把小号、1把长号、1套爵士鼓，还有吉他、低音大提琴。

这支乐队的成员前后大约有几十个人，除了朱家的朱兆和、朱兆年、朱兆隆、朱怡声、朱仁声、朱藏声、朱俊声等外，还有西摩路（现陕西北路）陈家的2个儿子、英美烟草公司买办郑伯昭的2个儿子、苏州银行世家叶家的2个儿子。还有一位是当时万象书店老板的儿子，叫沈东海，就是前些年在日本音响风靡全球的时代，出任日本TDK欧洲首席代理商的亿万富翁，是个终身"超级乐迷"。朱季琳家的长房长孙朱兆和始终是队中骨干，擅长钢琴和吉他，他7岁开始学琴，是个一辈子"泡"在音乐里的"老克勒"。

中华人民共和国成立初国家租用了这栋房子，朱家人星散四方。如今只要有海外亲友回沪探亲，他们还是会聚到这儿来，回味一下当年的气息。

▲ 朱季琳旧居现为上海出版局大楼

▲ 彩色玻璃门

▲ 彩色玻璃窗

家有教堂的朱季琳公馆

▲ 彩色玻璃窗

▲ 彩色落地玻璃门　　　　　　　　　　▲ 彩色落地玻璃门

▲ 楼内的楼梯很有气派

▲ 中华人民共和国成立后加建了房子的右翼,于是有了这个门洞

▲ 花园还在,只是缩小了,那口井也不见了

邵式军旧居主楼

蒋冬荣飞机楼里整"贪官"

徐汇区余庆路80号（现为空军南鹰饭店分部）

▲ 青年邵式军

上海西区僻静的余庆路上,有一幢不大引人注意的飞机楼。说它是飞机楼,主要是有一条雨廊又尖又斜地伸向大门,其后的楼身雪白如银燕,故有飞机楼之称。这幢楼现在是南京军区空军南鹰饭店的分部,而在70年多前,是传奇人物邵式军的旧居。

邵式军(1909—1964)原是上海滩有名的公子哥儿,其祖父是清末上海道台邵友濂,外祖父是李鸿章的得力助手、清末邮传部尚书盛宣怀,母亲是盛宣怀的四小姐盛樨蕙。邵式军是邵家六兄弟中的老五,大哥是著名诗人、翻译家邵洵美。邵式军戏剧般的人生在于,他从一个公子哥儿沦为大汉奸,出掌苏浙皖一带的税收,"肥"得流油;又从一个大汉奸投奔了中共地下党;在抗战胜利后,无意中又整垮了国民党上海市党部主任吴绍澍。而这最后一个"节目",是由其夫

▲ 邵式军旧居

人蒋冬荣完成的。

原来，邵式军离开上海去解放区后不久，重庆来的接收大员就宣布没收这幢豪宅，限令3天全部搬出。邵妻蒋冬荣说来不及搬家，要求宽限几天，而吴绍澍不肯，他急于把他的市党部迁入此楼办公，这下触怒了蒋冬荣。蒋冬荣是浙江督军、老同盟会员蒋百器的大女儿，性格泼辣，一向敢说敢干，这时就设计了一个让吴绍澍倒霉的圈套。

蒋冬荣搬家时，故意将5只空的保险柜留在楼里，而事后向戴笠告发说，吴绍澍侵吞了其中的巨款，包括一大宗珠宝首饰。戴笠与吴绍澍一向有隙，闻之大喜，立马叫蒋冬荣写下清单，派人送给蒋介石。与此同时，蒋冬荣又鼓动小报记者，在报上大肆揭发吴绍澍的"五子登科"。蒋介石闻之大怒，拿起电话，立即宣布把吴撤职。据说后来吴绍澍去向蒋介石申辩，蒋介石二话没说，上去就是一记耳光。

中华人民共和国成立后此楼被国家接管，成为空军部队招待所。邵式军也没能再回这里，他在后来的政治运动中挨整，最后屈死在山东一个劳改农场，1980年获得平反。

▲ 邵式军夫人蒋冬荣

▲ 邵氏夫妇卧室内门

▲ 邵式军旧居大门

▼ 主楼东头的门廊

▲ 附楼

▼ 附楼的门廊

▲ 主楼西部

蒋经国旧居侧影

蒋经国逸村被"虎"咬

徐汇区淮海中路1610弄2号（现为民居）

▲ 蒋经国（左）蒋纬国兄弟

淮海中路上海图书馆马路对面，有一组精致的淡黄色的小洋楼。这些小楼坐北朝南，高3层，均带一方小巧的花园，共有8幢。弄堂口的大门上除了有文物保护建筑的牌子，还有两个醒目的红字：逸村。

沿马路的2号楼如今尤其引人注目——经常被人指为是桩不错的生意典范——徐汇区有关部门将其以70万美金卖给了一个香港人，没几天那香港人一转手，就以100万美金转卖给了一个台湾人，房子连一块砖都没动，就白手赚了30万美金，这怎能不令人心跳呢？当然，这房子

▲ 淮海中路上的蒋经国旧居

如今又不是这个价码了。如此好卖的主要原因，不仅仅是地处淮海中路，更在于它的历史内涵，因为这是当年蒋家太子蒋经国的旧居，发生过不少故事。

1948年蒋经国（1910—1988）到上海打"老虎"的时候就住在这儿。那时距国民党在大陆的垮台只有1年多，社会和经济的混乱已经到了无以复加的地步，米价半年中涨了30倍，各种投机活动猖狂之极。蒋经国作为钦差大臣，杀鸡给猴看，抓了一批"大腕"，把杜月笙的儿子杜维屏给抓起来了。可是小蒋哪里晓得杜月笙的厉害？儿子一被抓，杜月笙就亲自来府上求情，而蒋经国为了证明自己铁面无私，竟拒之不见，这下把老杜给惹恼了，回去立马组织人把孔家公子孔令侃囤积货物、设法逃税的丑行给揭露出来了，舆论一阵大哗。蒋经国倒也一不做二不休，马上派人去把孔家的扬子公司给查封了。这下可捅了马蜂窝，孔令侃搬出姨妈宋美龄来当挡箭牌，对付蒋经国，于是小蒋腹背受敌。

蒋经国自然不是宋美龄的对手了。老蒋一向听老婆的，一个电话过来，"扬子公司的事你不要管了！"小蒋只能蔫在那里了。与此同时，杜月笙的喽啰们已放出空气，要教训教训小蒋，这下逸村可就"风光"了。警察局局长亲自带队把小楼团团守住，局长、副局长亲自坐镇在弄堂里昼夜值班，整条弄堂的人出入均受到盘查，直到事态平息，蒋经国败下阵来为止。这段故事，如今这条弄堂里八九十岁的老居民仍记忆犹新。中华人民共和国成立后，这栋房子被没收成为公产，改革开放后又成为私产。

▲ 改革开放之后此楼被台湾商人买去

▲ 小楼北部的车库

▲ 蒋经国在上海的旧居

▼ 小楼一角

▲ 逸村内有8栋楼,每栋楼都有故事

丁香花园1号楼东立面

李鸿章家族与丁香花园

华山路849号（现为上海市委老干部活动室、申粤轩酒家）

李鸿章家族与丁香花园

谈到李鸿章家族,上海的老人总是说:"半条华山路是李家的。"

的确,那条弯弯的、树荫浓密的华山路,似乎与李鸿章家族特别有缘——当年李鸿章的祠堂坐落在那儿;李鸿章的侧室莫氏(李家后人称其莫老姨太)的豪宅建在那儿;李鸿章的小儿子李经迈的著名房产枕流公寓也建在那儿;李经迈的墓地当年也在那儿;李鸿章的侄孙李国芝的大花园洋房也在那儿;与李家有些关系的丁香花园也坐落在这条马路上。李家当年在华山路两侧还拥有大量地皮,不断卖出一些给亲朋好友造房子,如中国银行第一任总理孙多森的房子就是……因此说"半条华山路是李家的",似乎不算是太"豁边"。

自然,华山路最著名的豪宅是丁香花园。

丁香花园是百年上海滩最负盛名、保存最好的顶级花园洋房之一。抗战

▼ 绿荫中的丁香花园

▲ 丁香花园1号楼

▼ 花园里的龙头

▲ 丁香花园的凉亭

丁香花园东部风景

▲ 李鸿章的小儿子李经迈

期间（1942年），汉奸张善琨在此办过"中华联合制片股份有限公司"，抗战胜利后被国民政府没收；中华人民共和国成立初期曾作为上海市委有关部门的办公处及招待所；1964年是市委写作班子的基地，"文革"中成为"江青反革命集团"的舆论大棒"丁学雷"和"罗思鼎"的所在地。改革开放以后，1号楼和3号楼成为市委老干部局的老干部活动室；2号楼（原先是1号楼的副楼）出租为申粤轩酒楼。

凡是初入这个花园的人，无不为寸土寸金的大上海市区，居然还保留着这么一个美丽的去处而感慨万分。园中绿茵平畴，花木蓊郁，小桥流水，趣味盎然……巨大的老樟树，簇拥着几幢风格各异的小洋楼，还有一条巨龙缠绕在内园的院墙

▲ 李鸿章（前坐左一）家族合影

上，与水中凉亭上的凤凰，遥遥相对。这样的景致，也难怪人们要想到李鸿章。

大凡谈到丁香花园的文章都说，这是李鸿章为其姨太太丁香所建造的花园，故名曰丁香花园。但是在沪的李家老人李家昱、李家骁等都否认这件事。他们认为，李鸿章姨太太是有的，就是李鸿章的小儿子李经迈的生母莫氏。莫氏原先是李鸿章的继室赵小莲（张爱玲的外曾祖母，赵朴初家的姑奶奶）的陪嫁丫鬟。李鸿章中年以后担任直隶总督兼北洋大

▲ 丁香花园1号楼东门

臣，总在天津、北京、保定之间奔波，赵氏体弱多病，不能随侍在侧，就由莫氏随行服侍，日子久了，就收房为侧室。李经迈长得浓眉大眼，圆圆的脸庞，可知他的母亲模样姣好。但是李家老人又说，"根本就没有丁香这么个人"，可知，丁香一说另有出处。

但是李家在华山路建有花园豪宅这是事实，原先大家都以为就是丁香花园。然而随着调查的深入、资料的积累，发现情况并非如此。李鸿章1901年在北京去世之后，李经迈把他的母亲莫氏从天津接来上海，的确在华山路为之建造了一处花园豪宅，但不是在丁香花园的位置，而是在华山路长乐路路口，是一栋淡黄色的西班牙式3层漂亮洋房，与丁香花园隔了两条街，论色调，倒是跟枕流公寓一致。莫氏在此一直住到去世，李经迈将其棺木运回安徽合肥安葬。近年来合肥的文管部门已经找到了她的墓地，从中还发现了一些重要的随葬品。

那么，为什么人们总把丁香花园说成是李家的呢？据李家老人李家昱先生（李鸿章的曾侄孙、李鸿章的弟弟李昭庆的曾孙，原玉屏中学校长）介绍

说，一来是因为这两处花园相距很近，不知情的人容易搞错；二来是因为丁香花园在抗战胜利之后，的确是与李家有些关系，主要是李鸿章的侄孙女婿刘攻芸（李昭庆的孙女李国珍的丈夫，末代帝师陈宝琛的外甥，著名美籍华人学者刘广京的叔叔）当了邮政汇业局的局长，他同时还是苏浙皖敌伪产业管理局的局长，抗战胜利后就在丁香花园里面办公。他大权在握，树大招风，后来又当了中央银行总裁，来找他的人就更多了。李家这期间进出的人也很多，包括李家"家"字辈的人，当时都还是中小学生，常常跑进去玩。这么一来，人们更有理由说丁香花园是李家的了。而实际上，丁香花园并不是李家的产业。

还有一种说法也相当重要——丁香花园所处的地皮当年是李家的，这是极有可能的一种推测。因为李家的亲戚孙多森（1867—1919）的豪宅就建在丁香花园的旁边（中间仅隔着武康路），而当初孙家就是向李经迈买的地皮，

▼ 草坪的西部是2号楼

这在孙家已是不争的事实。另外,经丁香花园老总邱根发先生查阅房屋旧档,发现丁香花园3号楼建于1913年,房主是一个外国人,想必1号楼的建筑年代也在此前后不远,这倒与李经迈辛亥革命以后在上海西区大做房地产生意的说法完全相符了。如此看来,是外国人向李经迈买下了这块地皮,建造了丁香花园。

至于李经迈(1876—1940),字季皋,号又苏,别号澄园,是个非常有个性的人物,与两个哥哥李经方、李经述比起来,他政治上、学业上都没有什么值得炫耀的业绩。李氏家谱上他那些头衔,都是朝廷看在李鸿章的面子上特赏的,只有驻奥地利公使是个实务,那是李鸿章去世以后的事。因其生母是李鸿章的侧室而非正宫娘娘,这种出身在传统大家族中,当儿子的就吃亏不少,连李国杰(李鸿章的孙子)也要欺负他,分家的时候把一些不值钱的股票分

▼ 园中细柳拂水

给他。

但是他有他的"门槛",特殊的处境养成了特殊的品性——人极聪明,英语极好,喜欢跟外国人打交道,他擅长经商和文物收藏,学外国人的样子,在上海西部大做房地产生意,从未失败过。那些原先不值钱的股票到了他手里,七捣鼓八捣鼓,都变得值钱起来。枕流公寓就是他经商的成果之一(该楼建造时以他的号李季皋注册)。他还是著名的收藏家,书画、碑帖、印章、藏书、古扇,均为大宗,有目录传世。

李经迈于1940年去世,他儿子李国超中华人民共和国成立前夕举家去香港,又转到美国,再也没回来。而上海的丁香花园,总是与他们的名字连在一起。

▲ 龙头和龙墙为花园平添了东方神韵

▲ 丁香花园九曲桥

▼ 花窗中的雨景

白公馆南立面

梁鸿志的"三十三宋"与白公馆

汾阳路150号（现为上海沪剧院）

梁鸿志的"三十三宋"与白公馆

上海的"白公馆"坐落在上海市区最富诗意的马路之一——汾阳路上。

所谓"白公馆",是因为抗战胜利以后白崇禧将军曾经入住,因而得名。其实,白崇禧将军一家在这儿住的时间并不长,而在他们入住之前的数十年间,这幢洋楼早就很有名了。也许因为白氏父子名声更大,所以人们习惯上仍称之为"白公馆"。

这处豪宅建成于1920年,是法籍冒险家

▲ 梁鸿志

▲ 白公馆近影

▲ 国民党将领白崇禧

司比尔门（M.speelman）的私家花园，具有法国文艺复兴时期的建筑风格。如今大门依然是老样子，堡垒式的门房前，一条宽敞的柏油马路通向树林深处。林子里有粗壮高大的香樟树和拔地而起的龙柏，树林的中心有一方喷水池，长年游动着各类观赏鱼。那幢灰白色的、神态威严的洋楼，就在喷水池北侧的草地上安然而卧。登上"白公馆"2楼宽大的阳台，可一览满园绿色。楼的东侧有半圆形的耳房，全是用法国的凸凹形玻璃镶成，宛如一个巨大的玻璃花瓶。楼内的大客厅、小客厅，处处可见精美的雕饰，尤其是那条盘旋而上的扶梯，令人恍如置身法国贵族的别墅之中。

这个司比尔门曾是法租界的第一富豪。从1921年起，他担任了万国储蓄

▲ 草地上即将开始的派对

会的董事长，利用一般市民渴望中奖发财的侥幸心理，在中国首开有奖储蓄的先河，吸收了成千上万的中外人士的资金，至1927年，已吸纳存款达2.5亿元。那时银元和纸币同时流通，而中国银行和交通银行所发的纸币总数，不过才1.3亿元，上海其他30多家银行存款的总数，也不过5 000万元左右。到后来，凡是上海西部著名的大楼，如戤司康大楼（今淮海公寓）、毕卡第公寓（今衡山宾馆）、巴黎新村、万宜坊等，都成了他的资产。

▲ 优雅的楼梯口

司比尔门原本荷兰人，穷光蛋一个，在帝俄时代取得了俄国国籍，到上海来时只是个华俄道胜银行的小职员，后来因亏空公款，溜之大吉。风头过后，他又加入了法国籍，并且到上海接替了万国储蓄会的创办人盘滕的董事长职务，摇身一变成了大富翁。1941年年底日军侵入上海租界时，司比尔门被赶出了

▶ 盘旋上升的楼梯

这个花园，关进了集中营。他的贴身仆人张万才先生（中华人民共和国成立后是锦江饭店第一批员工）亲眼看见了他被日军带走的一幕。

司比尔门被赶出去不久，大汉奸梁鸿志住了进来。

梁鸿志出任维新政府的头子，办公地点在四川路上的新亚饭店，直至汪伪政府登台。梁鸿志还是清末巨儒梁章钜之孙，从小诵读经史，擅长诗文，热心收藏，北洋政府时期曾任国府秘书长。他利用北京故都的特殊条件，搜奇揽胜，藏品中最为难得的是33封宋朝人的书信，其中甚至有苏东坡和辛弃疾的亲笔信，所以他把自己的书斋名之为"三十三宋斋"。他住进这处花园后，夜间常举办豪宴，招饮各路"豪杰"，孙家鼐的侄孙孙曜东就是这里的"豪客"之一。每到酒酣耳热之际，梁鸿志就拿出他的宝贝藏品向人炫耀。可他万万没有想到，这批藏品很快就易主了。

抗战胜利后，梁鸿志锒铛入狱。为了保命，他不惜忍痛割爱，把"三十三宋"拿出来托人送给戴笠，以求减免刑罚。可是不久戴笠飞机撞山身

▲ 2楼室内墙上有壁画（是画在墙上的）

亡，他到头来还是被送上刑场，受到了应有的惩罚。

梁鸿志入狱之后，国民党的接收大员接收了这处房子，再后来，才是国民党桂系首脑之一的白崇禧入住其中。白崇禧是广西桂林人，早年毕业于保定军官学校，北伐战争时任国民革命军总司令部副参谋长、东路军前敌总指挥。解放战争时期，他先后担任了国民政府的国防部长、华中军政长官等职。这期间，他把家安在了上海这幢漂亮的花园洋房里。孰料好景不长，淮海战役之后，白崇禧这个国防部长已变得有名无实。眼见大势已去，他便于1948年年底安排家眷南撤广西，1950年到了台湾。

中华人民共和国成立后，上海市人民政府接收了这幢花园洋房，曾先后作为上海画院和上海越剧院院址。改革开放后，上海越剧院迁往淮海中路，这儿成了越剧院与梅龙镇酒家合办的越友酒家，原先越剧院的练功房租给人家开设德国啤酒屋。后来，台湾宝莱纳餐饮公司来此把越友酒家"吃"掉了。

现在这幢花园豪宅将成为上海沪剧院的体验馆。

▲ 2楼门厅（大理石方柱是原件）

▲ 白公馆东北部

▼ 3楼经改造，成为敞廊式的咖啡座

刘晦之旧居近影（现在是28家房客）

大收藏家刘晦之旧居：
小校经阁

新闸路1321号（现为民居）

▲ 银行家、收藏家、小校经阁主人刘晦之先生

新闻路靠近陕西北路的地方,有一处十分僻静的院落。院分里外两进,迎大门有4棵高大的广玉兰,那广玉兰棵棵长得枝粗叶大,青翠欲滴,蔽遮了院内一半的光影。这里的老住户都说,这广玉兰是当年从李鸿章的大儿子李经方的花园里移植过来的,同时搬来的还有很多太湖石。数十年之后,假山被搬往静安公园造景了,剩下这4棵广玉兰挺拔至今。

如今穿过前院的林木和草坪折向西部,可见一道嵌着漏窗的花墙,花墙中部嵌着一个月洞门,进得月洞门是又一进院落,院子的南北两头,各有一幢建筑,那是两栋风格截然不同的建筑。

北侧的那幢方方正正,西洋派头,是一幢三开间的4层钢筋水泥大楼。正门有台阶、立柱,顶楼有大阳台,阳台上一年四季摆放着各式盆景。底层当年是中餐厅、西餐厅、会客室,还有一间主人的书房;2楼和3楼是主人

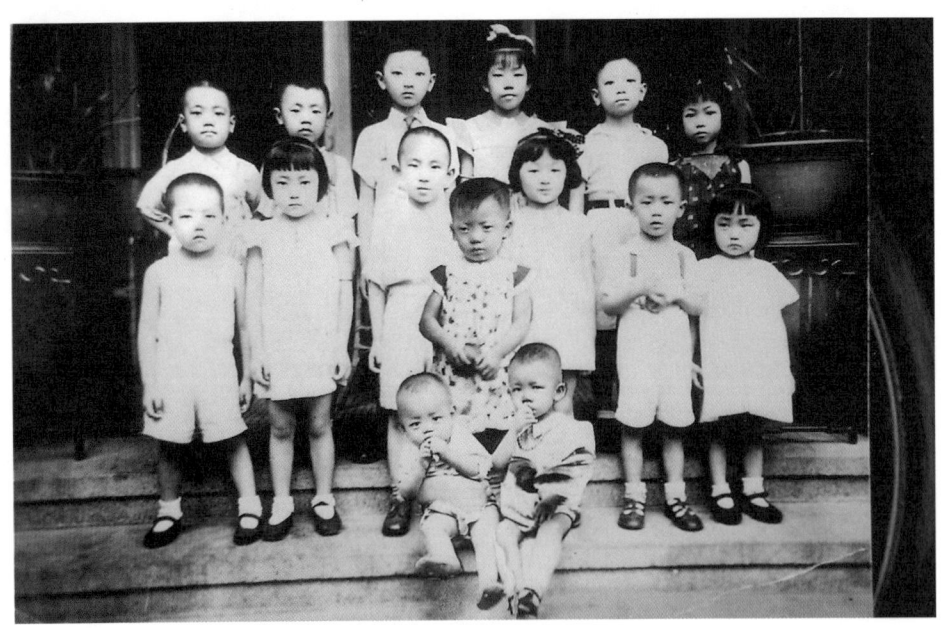

▲ 当年生活在小校经阁院子里的小萝卜头

及其家属的卧室；4楼是储藏室和佣人间。

南侧的一幢，却是准中国风格的八角小楼。当年飞檐上的吉祥物装饰和琉璃瓦虽已不复存在，而绕楼四周的围栏和石级却依然无恙。别看现在它已被周围的高楼所挤压，内中也挤入了许多家居民，显得十分窘迫，然而在20世纪50年代以前，这里却是一个藏宝重镇，人们不晓得从中搬出了多少宝贝——有500箱古籍线装书（10余万册）、28 000块甲骨龟片、各式古墨数万锭、古代兵器130件、唐朝乐器大小忽雷2具，还有三代彝器数百件……

原来这是一个著名收藏家的旧居，建于1933年，主人叫刘晦之（1879—1962），是李鸿章的大儿子李经方的内弟。他的父亲是清末四川总督刘秉璋，在浙江巡抚任内的时候，亲自指挥了中法之战中著名的镇海战役，打了中国近代史上唯一的一个大胜仗。作为良将之子，刘晦之排行老四，没打上仗，也没有什么科举上的功名，却抓住了经商的好机会，成为著名的银行家和收藏家。他经理的银行是北京东路虎丘路拐角的那栋大楼——原中国实业银行。他的藏宝楼就是花园南侧的那幢2层八角小楼——小校经阁。

1951年，上海市西区人民法院租

▲ 刘晦之的藏宝之地——小校经阁

▲ 楼内的楼梯

刘晦之旧居侧影

用了这处花园住宅,刘晦之搬到太原路,直至1962年去世。在此之前,他把自己的所有藏品,包括藏书、藏墨、藏画、青铜器、甲骨龟片以及唐代乐器大小两具忽雷,全部捐献国家,成为中华人民共和国成立初向国家捐献文物最多的名人之一。陈毅市长曾颁发嘉奖令,表彰他的爱国主义精神。

如今,当年在这花园中长大的小萝卜头转眼也都渐入晚年,其中不乏杰出人才,有著名实业家、香港亿利达公司的老总刘永龄、上海第二工业大学教授刘耋龄、华东师范大学教授刘善龄、上海音乐学院教授刘桂龄、飞机发动机专家刘松龄……只要海外有亲戚回沪探亲,他们还会去看看这处老房子。

▲ 刘晦之的儿媳及孩子当年在小校经阁长廊

▲ 刘晦之的孙女刘桂龄当年在月洞门门口

楼边的广玉兰依旧挺拔、茂盛

▲ 小校经阁一角

▲ 刘晦之旧居的说明牌

岳阳路上的霖生医院

牛惠霖、牛惠生兄弟的霖生医院

岳阳路190号（现为某会所）

▲ 牛惠霖医生

牛惠霖（1889—1937）、牛惠生（1892—1937）兄弟是我国最早的西医骨科专家，他们一个是英国剑桥大学的医学博士，一个是美国哈佛大学的医学博士，以高尚的医德和精湛的医术，在上海滩久负盛誉。1919年，他们在祁齐路（现岳阳路）创办了上海霖生医院——一处法国风格的花园洋房；1928年又创办了上海骨科医院，被誉为当时远东唯一的骨科专科医院，留下了诸多佳话。

佳话之一：霖生医院开张不久，适逢英国驻香港总督病重，电请英国政府派良医前来救治。英国政府有关部门回电说，请上海的牛惠霖医生去就行了，因为牛惠霖是英国剑桥大学的医学博士，还是英国皇家外科学会的会员，曾任伦敦医院主任医师，在第一次世界大战中还担任重伤外科手术主任医师，英国医学界了解他的实力。后来牛医生应邀前去为港督诊治，果真手到病除。消息传出，香港为

▲ 霖生医院是当时中国最好的骨科医院

之轰动。

佳话之二：1927年八一南昌起义中，陈赓大将不幸腿负重伤，于第二年转辗到上海治病，慕名来到牛氏兄弟的霖生医院。牛惠霖医生看他是枪伤，初以为他是强盗被人击中，不太情愿为之诊治。后来陈赓大将实话实说，说明了自己负伤的过程，即刻消除了误会，牛惠霖想尽一切办法保住了陈赓大将的那条腿。数年后陈赓大将再次负伤，仍旧请牛氏兄弟给诊治的，他们成了好朋友。

佳话之三：1932年淞沪抗战爆发时，宋家三姐妹与何香凝等社会名流发起举办伤兵医院，全力救治伤兵，牛家兄弟积极响应，大力组织战地救护，霖生医院也成为救治伤病员的一个基地。牛惠霖还担任了上海地方协会救护伤兵第一医院的院长、公共租界万国商团华队的军医长。

▲ 牛惠生、徐亦蓁夫妇

霖生医院旧址大门

北门

霖生医院侧影

花园一景

佳话之四：1936年西安事变之后不久，蒋介石来上海找牛惠生治伤。原来事变中蒋介石听到枪声，在从华清池逃往骊山的途中，不幸摔伤了腰，当时路都不能走了，下山时，是张学良将军的卫队营营长孙铭九把他背下山的。牛惠生是美国哈佛大学的医学博士、美国医学会及骨科医师协会的会员，回国后曾任多家医院院长和外科主任，不仅医术高超，心地也善良，常为贫苦百姓免费治病。可是1936年，牛惠生因严重的肾病自己已经病倒了，但他还是强支病体亲自为蒋介石诊治，很快就治愈了。牛氏兄弟与宋家三姐妹是表兄妹，他们的母亲是亲姐妹，蒋介石是牛氏兄弟的表妹夫，不能"推摆"的……

牛氏兄弟的佳话和事迹还有很多。有资料记载，仅牛惠生亲自治愈的病人就达6 000多。最近中华医学会会史出版，该会史记载，牛氏兄弟都是该会的创办人，也都担任过该会的会长，对于全国的医学工作贡献颇多。可惜他们都不长寿，都于1937年逝世，一个48岁，一个才45岁。

▲ 文物保护建筑的名牌

148　图说上海老洋房

▲ 霖生医院门厅

霖生医院外景

瑞士商人留下的老洋房

瑞士商人留下的老洋房

复兴西路193号（现房地产科学研究院）

复兴西路武康路路口是上海滩少有的高雅路口——浓密的梧桐树荫之下,4个路口有3栋上海顶级的老洋房:一栋是武康路99号;第二栋是复兴西路199号;第三栋是复兴西路193号。也不知这些老房子为什么都跟"9"字有缘,三栋洋楼居然占据了5个"9"。

武康路99号和复兴西路199号临街都有高墙耸立,大门常年紧闭,人们只能从那些高昂的树梢中若隐若现的小红顶展开想象,院内该是个多么美丽的所在!复兴西路199号的红墙上还加上了竹篱笆,土洋结合,形象怪怪,这大概是上海滩独一无二的"新潮墙头"。只有复兴西路193号已经破墙透绿,透过黑色的铁栅栏,可见一栋典雅的英国乡村式别墅,在婆娑多姿的香樟树的抚慰下,依旧绅士,依旧尊严,依旧是90年前的沉静。

这儿现在是上海房地产科学研究院。该院自1985年起,对这栋老洋房实行了有效的保护和利用。在该院入驻之前,这儿曾经是一个居民大杂院,也曾作过部队的医院。更早的时候,是一个外国商人的住宅。据该院老院长刘锦春先生和该院党委蔡鸣墉书记介绍,这处花园洋房建于1930年,是一个在上

绿树环绕的红瓦小楼

小楼东侧一角

海做铝制品生意的瑞士籍商人的住宅。中华人民共和国成立的时候瑞士老板已经去世,就葬在院子东部的树林里(后被平掉),他的家属回国了。后来他的家属也去世了,因为他们没有后代,此房就一直由国家代管。10多年前他家的亲戚曾经来过上海,还来光顾过这栋老房子。

该院大门口挂着上海市人民政府命名的文物保护建筑的名牌,上面写着:"英国乡村式花园住宅,1930年建造,红瓦坡屋顶,红砖烟囱,水泥拉毛与清水红砖墙面,北立面山墙裸露木构架,南立面西侧一开间前出,东南角有连续拱券落地窗,檐上的三角形山墙开有老虎窗。"把这栋老洋房的外形特征都介绍了。其实这栋房子内部也很有"含金量",两个大理石质的大壁炉十分气派,一层客厅和餐厅的天花板都有裸露的横梁,显得非常古朴可爱。另外,洋房南部的花园和东部的树林也很有特色,尤其东部数千平方米的老樟树林,如今浓荫蔽日,虬枝交错,自然天成,在上海滩非常罕见,均是当年的故家旧物。

这样的环境、这样的历史积淀,自然是令人向往的。1999年,荷兰女王访沪时,也曾慕名而来,向小楼投以深沉的目光。

▲ 底楼客厅里的壁炉

▲ 底楼餐厅里的壁炉

▲ 错落有致的屋顶

◀ 室内天花板裸露的横梁

小楼侧影

▲ 小楼东部的樟树林

▲ 小楼东侧平台

瑞士商人留下的老洋房

▲ 小楼远眺

沙逊别墅东侧影

沙逊别墅的前后两位主人

虹桥路2409号（现为私人会所）

沙逊别墅的前后两位主人

20世纪80年代,虹桥路上的龙柏饭店准备扩建时,拟将一处花园洋房拆除,另建一栋现代化的宾馆。消息传出后,一位香港人士"飞"抵上海,手持房产证件与有关部门交涉,要求发还这处洋房。有关部门抽调旧档一查,喔!原来这是旧上海房地产大王沙逊的一处别墅,后来卖给了美兴洋行的买办厉树雄。厉树雄在这里开办过著名的虹桥俱乐部,中华人民共和国成立初期人去楼空,国家代管了这处花园洋房,如今来者正是厉树雄的代理人。

▲ 维克多·沙逊夫妇

这是上海滩最大的一座私人花园豪宅,当初面积达4万平方米,建于1932年,由公和洋行设计,造价之昂贵在私人别墅中也首屈一指,每平方米达317银元。沙逊是外国人在沪最大的房地产商,在外滩、南京路、福州路、

▲ 20世纪30年代中期,银行家们在沙逊别墅度周末

江西路等黄金地段拥有10多栋高层建筑,在20世纪30年代执上海房地产业之牛耳。那时,正是在沪外国人争相向沪西发展,在虹桥路一带大肆购地建造高级别墅的高潮期。沙逊仗着财大气粗,一下子圈进了6万多平方米土地,还不惜工本地从英国运来了橡木和其他建筑材料,精心建造了这栋别墅。这座房子的底层基础用砖石砌筑,门窗一律采用带有疖疤的木料,以突出英国乡村别墅的古朴风味,而且建筑五金用品则全部要求手工制作,其造价在当时可称天价了。

然而沙逊本人来此休闲的时间并不很多。抗战前夕,他认为中国政局不稳,以12万美金卖给了宁波籍富商厉树雄,厉树雄将其改造成会员制的俱乐部,据说会员每人要交500美金,这在当时是个了不得的数字。太平洋战争爆发后,此处被日本人占领。抗战胜利之后收回,厉树雄重操旧业,每到周末,这里非常热闹,在沪的军政要员以及大银行家和大企业家,常蜂拥来此度周末,常常是一家一部轿车呼啸而来。该俱乐部除了有上好的餐饮服务,还有网球、台球、舞会,会员中尤以银行界人士居多,所以当时有人开玩笑说:"如果今天有人在这里扔炸弹,明天上海的金融肯定瘫痪!"

中华人民共和国成立后这儿长期由政府掌管,曾作为上海市委和华东局领导的办公处和机关幼儿园、招待所,改革开放后归还厉氏家属,现为私人会馆。

占地60亩的沙逊别墅

沙逊别墅西侧影

▲ 近看沙逊别墅

◀ 门口的小竹椅

沙逊别墅的前后两位主人　163

▲ 沙逊别墅大草坪

▲ 老洋房与老梧桐

▲ 沙逊别墅北部景色

▲ 冬日的沙逊别墅

沙逊别墅的前后两位主人　165

▲ 这栋楼，怎么赞美都不过分

马歇尔公馆南立面

"神秘人物"出入的马歇尔公馆

太原路160号(现为太原宾馆)

"神秘人物"出入的马歇尔公馆

太原路上的太原宾馆，是上海滩最有品位的花园洋房之一，老上海们惯于称之为马歇尔公馆，原因是1945年底至1947年初，美国的马歇尔将军作为美国杜鲁门总统的特使，为调解中国国共两党的关系，来沪时就住在这个花园。

其实马歇尔将军在此只住了一年光景，而近百年间出入这里的却不乏"神秘人物"。这个花园建于20世纪20年代，房子最初的主人是法租界的法籍律师狄百克。这个人之所以"神秘"，是因为他有包打赢官司的本事，无论你有理无理，官司到了他手里无理也变成了有理，但是要价极昂，所以在上海滩有"强盗律师"之称。其实他的本事就在于通官路，他与法租界公董局、法国驻沪总领事及会审公堂的官员都熟，向原告收取高价后，然后一路买通，官司就由他说了

▲ 马歇尔将军

▲ 优雅转身的楼梯

▲ 这个壁炉堪比凡尔赛皇宫里的壁炉

▲ 华美的吊灯

▲ 此楼仿照了法国路易十四一栋别墅的形制

算了,这就使他的钱袋迅速膨胀起来了,于是花大价钱造了这栋美轮美奂的洋房。

这栋房子是依照法国路易十四一个别墅的式样设计的,所有建筑材料均来自法国。用料之考究、形制之典雅、装潢之奢华,几乎无以复加。尤其主卧室的浴池很特殊,是用五颜六色的马赛克镶嵌起来的,在上海滩独一无二。浴室的屋顶是圆形的穹顶,饰以深蓝色的涂料,上面星星点点,主人躺在浴池里仰望屋顶,就像是仰望一片深蓝色的夜空,那散置在夜空中的点点小灯,就像是夜空中闪烁的星星。可以想见,这间夜夜云雾蒸腾的浴池,或许能幻化出些许非人间的梦境。

抗战中狄百克病死,他的夫人把房子卖给了汉奸岑德广。这个岑德广又是一个"神秘人物"。

▲ 站在楼梯的尽头一眼看到底层

"神秘人物"出入的马歇尔公馆

他的父亲是晚清大吏岑春煊,就是那位在庚子年间(1900年)率兵护送慈禧太后和光绪皇帝逃到西安的陕西巡抚,官至四川总督、两广总督、邮传部尚书,晚年隐居上海,直到1933年去世。岑德广本人是民国首任总理唐绍仪的八女婿,抗战中投伪,表面上他在汪伪政府中没有官职,但是他是周佛海的幕后军师,是个很微妙的人物。抗战中周佛海在南京出任汪伪财政部长,每个周末回上海,常来这里见岑德广,自然,岑德广也常出入周佛海湖南路上的寓所。在处理一些中日之间非常棘手的事情上,周佛海往往第一个要听岑德广的意见,因为岑德广与日本政界上层人物,有着千丝万缕的关系。

抗战胜利之后,因岑德广是汉奸,国民党军统部门自然没收了他的这处花园,给上官云湘住过不长的一段时间,后来才是马歇尔将军入住。马歇尔将军住此时,蒋介石夫妇曾来探望,切磋要事。

中华人民共和国成立后这里被人民政府接管,成为市委招待所,但是仍有"神秘人物"出现。此人一到,周围就不许有狗叫猫叫,要建立所谓"无声区"。这时候,周围地区的里弄干部可就忙了,家家户户要关照、检查,不许弄出大的声响。粉碎"江青反革命集团"之后人们才知道,这个"神秘人物"是江青。

▲ 客厅的移门是一副精美的漆画

小楼东北侧的尖顶

高大的香樟树像个巨大的佛手

◀ 门厅里高大的壁炉

◀ 门厅

实业巨擘荣宗敬先生故居

陕西北路186号（现由PRADA公司租用）

▲ 荣宗敬故居老照片

▲ 著名实业家荣宗敬先生

荣宗敬先生是100多年前,赤手空拳闯荡上海滩的勇敢者,刚到上海时只有14岁,是南市一家铁锚厂的打工仔,后来进一家钱庄当学徒。钱庄生涯使他觉察到,上海这个地方遍地是黄金,赚钱的机会很多,但是无论中国企业还是外国企业,都要靠金融来"润滑",来周转的,任何行业都离不开金融,所以当他学徒期满几年后,就与人合资办起了一家广生钱庄。但是事情并不顺遂,这期间他遭遇了三起三落,有时因为生病,有时因为钱庄倒闭,他不得不3次回到无锡老家,最终他还是以超人的毅力和智慧,于危难之际再闯上海滩,终于闯出了无锡荣家的大世面。在后来的30年间,他与弟弟荣德生从一家小钱庄起步,接连发展到21家企业,其中包括茂新、福新系统的10多家面粉厂,以及申新系统的9家纺织厂,一举成为面粉界和棉纱界双份儿的"大王"。

他在荣家事业发展最兴旺的20世纪20年代,置办了两栋非常豪华的建筑,一栋是江西路上的茂新、福新、申新总公司大楼(世称三新大厦),另一栋就是陕西北路上的这栋大花园洋房。荣先生在这里生活了10余年。这栋豪宅原先是德国人的,建于1918年,外表典雅庄重,内部美轮美奂,无论是室内还是走廊、楼梯、过厅,无处不雕花,无处不是景。楼内多处镶嵌的彩色玻璃也很有特色,数块玻璃的图案拼在一起,就组成了一幅完整的大图画,色泽鲜艳夺目，均为海外舶来品。

第一次世界大战后德国人战败回国，荣先生买下此楼。1937年"八·一三"日本人进攻上海时，在闸北一带狂轰滥炸，荣家的申新一厂、申新八厂、福新面粉一厂、福新面粉六厂等遭受轰炸，损失惨重，凡是建在租界之外的工厂均被迫停工。日本人竟还通过汉奸胁迫荣先生出任伪职，荣先生不得已于1938年1月4日深夜从后门出走，乘上一辆英国朋友的轿车疾驰江边码头，登上停靠在那儿的加拿大邮轮，避赴香港。可惜在香港期间荣先生不幸突发肺炎，加上忧虑国事家事，寝食不安，致使医治无效，不幸于2月9日在香港养和医院逝世。临终，荣先生仍以"实业救国"告诫子侄后辈。3月8日，其家属将其灵柩抬上加拿大"皇后"号邮轮运回上海，两天后抵达这所老房子里安放。直到1943年9月1日，荣家后人在此举行了隆重的家祭之后，才扶柩回乡，安葬于太湖边上的杨湾。

▼ 荣宗敬故居南立面

中华人民共和国成立后这里曾长期作为民主党派的办公机关，由于建筑很有特色，也多次作为电影、电视剧的拍摄场地。光头明星陈佩斯就曾在此拍过电影《少爷的磨难》。改革开放后由久事集团经营，曾租给星空传媒集团，近年来租给了著名品牌PRADA公司。

▲ 荣宗敬故居侧影

万绿丛中一点红

▲ 西部副楼有精美的雕花装饰

▲ 荣宗敬故居西北侧

实业巨擘荣宗敬先生故居

▲ 草地一景

▲ 气势不凡的西门

▲ 主楼侧影

孙多森旧居的大门

树大招风的孙家花园

华山路831号（现为上海市精神文明办公室）

华山路武康路路口以东，有一组西班牙风格的淡黄色小洋楼，内分两个区域：东部伸向长乐路的是3幢公寓式的4层楼房；靠武康路口的是一座类似中世纪古堡式的花园洋房，自成一院。这片漂亮的洋楼，当年是上海阜丰面粉厂（中国第一家机器磨面的面粉厂，1949年后并入上海面粉厂）的创办人之一孙多森（1867—1919）的住宅，地皮是从李鸿章的小儿子李经迈手里买来的。

孙多森的叔祖父是清末光绪皇帝的老师孙家鼐，安徽寿州人，他的外公是李鸿章的大哥李瀚章，因此与李经迈是亲戚。作为晚清政府"双料"的高干子弟，孙多森与他的哥哥孙多鑫没有躺在先辈的功劳簿上等吃喝，而是选择了勇于创业的道路。他们原先在扬州办盐务，甲午战争之后南下上海，筹备办厂。在创业之初，孙多鑫曾亲自前往美国考察西方的面粉制造业，并在美国订购了机器设备，当时的翻译是著名外交家颜惠庆先生的哥哥。

▲ 孙多森先生貌似老土，却极有智慧

▶ 孙多森旧居南立面

▲ 孙多森旧居西部侧影

▲ 小楼北侧一角

▼ 孙氏家族后人曾把此楼称作"土耳其行宫"

阜丰面粉厂创办于1897年，1898年建成投产，出产"老车牌"面粉，逐步行销国内外。之所以把产品的名称定为"老车牌"，是为了纪念孙家的祖先，当年孙家老人是推着小车从山东济宁迁往安徽的，因此在安徽寿州的孙家祠堂里，曾常年供奉着一辆破旧的小推车，以示后代子孙不可忘本。进入民国后，社会发展了，"老车牌"显得有些陈旧，于是就改为"自行车牌"，总算保留了一个"车"字。在半个多世纪中，阜丰面粉厂一直是孙氏家族的骨干企业。后来孙多森、孙多鑫兄弟还创办了家族的银行中孚银行，旧址在外滩滇池路圆明园路路口，现为中国建设银行。

可是孙家事业做得大了，是非也招得多了。袁世凯见孙家兄弟有本事，就先后招他们到北京为他做事。孙多森参与创办了中国银行，出任中国银行第一任总裁，把上海的产业交给下一代"方"字辈的人打理。可是上海地方有时也不太平，孙多森的大儿子孙震方遭到绑架，营救出来后不敢住上海了，去了天津（天津的和平饭店就是孙震方的老房子）。后来"以"字辈中又有人遭遇绑架，弄得人心惶恐。这组房子虽然豪华气派，但安全感不足，1949年后孙家后人把它卖了，公私合营后逐步成为"七十二家房客"。现在东部的3栋4层的公寓式楼房是民居，西边的孙多森旧居是上海市精神文明办公室的办公处。

▲ 步下此台阶即可走进花园

▲ 孙多森旧居侧影

▲ 这样的露台设计的确不多见

▲ 2楼大厅立柱

▲ 屋梁与吊灯

▲ 露台

▲ 大客厅里的壁炉

▲ 绿色平台

莫觞清旧居

丝业巨擘莫觞清旧居

武康路2号（现为民居）

武康路2号是一处小巧玲珑的独立式花园洋房，西墙之外就是著名的丁香花园，马路对面是现代面粉业开创人孙多森的豪宅，左右两侧也都是独立的花园小楼。这儿楼不高而树干高，院相隔而树不相隔，浓密的绿荫把这个街区连成一片，极具法租界民居地块小而洋楼雅的风韵。2号小院正处武康路华山路路口，东北部的院墙好看地弯成一道弧线，到夏天，院墙里探出的绿枝，将武康路斜斜地切下一溜阴凉，那街口就显得十分沉静。

▲ 莫觞清的女婿蔡声白先生

中华人民共和国成立70年来，这栋花园洋房里安顿过许多单位和住家，大到上海市委书记兼华东局书记柯庆施、华东检察院检察长王范，小到机关托儿所的阿姨和孩子们。在"江青反革命集团"横行的年头，这儿还曾是一个秘密据点，姚文元放出的第一炮《评新编历史剧〈海

▲ 莫觞清（右六）家全家福

▲ 1楼的小客厅

▲ 西餐厅

▲ 底楼敞廊里的休闲座

瑞罢官〉》就是在这栋楼里完成的。"文革"中还曾做过市委机关造反派的对外联络站。粉碎"江青反革命集团"以后，这儿是上海科学技术文献出版社的社址。然而最初，这儿是上海丝业大王莫觞清的家园，小院左侧（4号）是他的女婿蔡声白的住宅。这翁婿两人，均是上海滩很有影响的实业家。

莫觞清（1877—1938）是浙江吴兴（今湖州）人，20来岁就到上海来闯荡，当过美商兰乐壁洋行的买办，也与人合资办过丝厂，生产"玫瑰"和"金刚钻"牌生丝，后来逐渐发展扩大，从丝业发展到织绸，创办了饮誉天下的美亚织绸厂。他先后创办和经办过10余家丝绸厂，产品行销海内外，是上海滩最大的绸厂老板。茅盾笔下《子夜》的主角原型就是他。可惜莫老板后来的命运很不好，竟然在这个花园的一次家庭派对上遭了绑架，虽经各方努力营救出来，人却经不住惊吓，不久就去世了。莫家人从此搬出了这个小院儿，卖给了一个外国人。

莫觞清在世的时候，他的女婿蔡声白先生已经主理厂务，并拥有部分股份。莫老太爷去世后，蔡声白负责美亚织绸厂的全部事务。他在1933年就创办了中国丝业股份有限公司，担任董事长和常务董事。他还是中国国货公司的创办人，丝绸业同业公会的理事长，逐渐把自家的企业扩大到华东地区，产品行销东南亚，还在纽约设立了分公司，逐步开展欧洲地区业务，直至中华人民共和国成立。1956年公私合营时，美亚绸厂的上海资产总值达546万，是当时一家了不起的大企业。

改革开放后房地产经济空前活跃，从香港回来的莫家后代出资又把此楼买了回去，现为莫家后代在沪的别墅。

▶ 1楼的中餐厅

▼ 南部草地

◀ 花园

一墙之隔是蔡声白、莫怀珠夫妇旧居

爱庐后门

宋美龄用心呵护的"爱庐"

东平路9号(现为上海音乐学院附属中学)

东平路9号院内，有好几幢法国风格的漂亮洋楼。其中最大的一幢是宋子文民国年间送给他妹妹宋美龄的。那时宋美龄已是宋家的第二位"第一夫人"，随蒋介石长期住在南京，来沪时却没与之身份相应的住宅。宋子文觉得于公于私都说不过去，适逢东平路9号的业主要出售这幢房子，于是就斥资买了下来，名义上是代表宋家送给宋美龄的陪嫁。

当年宋美龄娘家送的嫁妆——爱庐

这幢房子的确美轮美奂，庄重典雅——屋顶采用暗红色的法国平板瓦，似鱼鳞般地层层漫开；墙面采用水刷卵石，有着海边的沙滩气息；门窗、门廊和墙角，都用石块有节奏地嵌入其中，平添了建筑的厚重感；屋顶上的烟囱和老虎窗，都恰到好处地错落其位……宋美龄夫妇都十分喜欢这幢房子，蒋介石名其为"爱庐"，与他们在庐山的"美庐"和在杭州的"澄庐"，鼎足而三。

▲ 内部装潢看来比较简单

▲ 宋美龄花园散步

据蒋介石的贴身侍从汪日章先生撰文说，这幢房子蒋介石总共不过住过六七次，一般总是来去匆匆，时间最长的一次也不到2个月。因为那时的总统府在南京，抗战前他们长住南京。抗战爆发后，他们与整个国民政府机关全都转移重庆，抗战胜利后又回南京，所以非在必要的时候是不来上海住的。倒是宋美龄时而前来小住，整理私宅，上街购物，也和两个姐姐聚聚。每到这时，法租界的巡捕房就紧张了，警督薛耕莘就得赶紧派出巡捕，布置在房子周围和路口，昼夜值勤。也许是巧合，有时宋美龄前脚来了，她的旧情人刘纪文也会赶来，住在距东平路百米之遥的岳阳路一幢洋房里，薛耕莘非常"识相"地一同加以护卫。

宋美龄对这幢房子十分呵护，卧室、餐厅、浴室的墙壁与家具、卧具和窗帘的颜色都要求相配。平时由一个40多岁的麻脸男人看管，临来之前派人清扫一遍。客厅内除大小沙发、茶几之外，墙上的挂件也颇讲究，有八大山人的春、夏、秋、冬4帧花鸟条幅，其中有一幅画的是躲在荷花下面侧头看天的鸭子，寥寥数笔，惟妙惟肖，常被客人们誉为神品。

此楼的楼下是个大客厅，可坐四五十人，亦可以放电影。宋美龄夫妇曾在此用美国电影来招待孔家子女和少数侍从人员。带人来放电影的是励志社总干事黄仁霖，他是蒋宋结婚时宗教婚礼的主持人余日章（西藏路慕尔堂的牧师）的女婿，所以成了宋美龄的亲信，常为宋鞍前马后地干些私活。

他们有时也在这儿宴请客人，当然都是重要的客人。但招待规格都不太高，菜肴都是些普通菜，以至于有的客人反映说吃不饱。这自然有些礼貌和拘束的原因，但也与饭菜不够丰盛有关。宋美龄一向不多吃酒肉，桌上多半都是素菜，而按蒋介石的口味，他家乡的梅干菜烤肉就是上等好菜了，这对于那些惯以海鲜山珍果腹的中外大佬来说，怎么能吃得饱呢？

▲ 小楼一角，爬墙虎如此疯狂

宋美龄对自己的服饰要求很高，她这方面的讲究是出了名的，常常为了一块衣料，要跑好几家商店，反复比较，问清价格，方才选定。所以她在公共场合露面时，总是一身新奇、考究的装束。蒋介石的内务副官叫蒋孝镇，是蒋介石的侄孙，后来在西安事变中被张学良的卫队击毙。宋美龄的内务副官抗战前是斯绍凯，平时一身蓝色长衫，没有军衔，还有两个下手，另有中西厨师各一人。她的女秘书换过好几任，学问和风度都很好，只是其貌不扬。

这幢房子的南面有宽大的草坪，一条小溪在草坪上蜿蜒游过。小溪中散置着一些石块，散步时可点石而越。溪边又有树林、花卉，间以小假山，是一处中国式的园林，居间全无闹市的嚣扰，确如世外桃源。1949年后这处房子由国家接收，先后成为上海音乐学院附中的办公楼和图书馆。整体建筑一直保存完好，只是门前的草坪面积缩小了，那条好看的小溪也不见了，上面竖起了高楼。

▲ 满园春色关不住

▼ 楼前有个不小的花园

宋子文旧居南立面

宋子文旧宅的"怪病"之客

岳阳路145号（现为上海市委老干部局办公楼）

▲ 青年时代的宋子文

岳阳路145号那座大花园洋房,过去是宋子文的旧宅。该楼建于1928年,是幢荷兰式的花园洋房,东西两头各有一个折檐式的坡屋顶,像西方一种名犬塌拉的大耳朵;2层楼的长窗外有一通长长的大晒台,横贯到底,为小楼增添了一种平衡与庄重。此处虽是宋子文的旧宅,但是宋子文本人住的机会并不太多,因他在南京担任国民政府财政部长,只有周末、节假日或在上海有公务时才住这儿。抗战中他去重庆与美国等地8年,回来后又是在南京国民政府里任职,和当时的大多数民国官员一样,在南京住官邸,而把家属都安排在上海的租界里。

1949年这处房子被华东公安部接收,曾作为华东公安部门的俱乐部。

▼ 这么宽阔的草地,在市中心极其难得

1956年上海市委成立招待处,把这里作为招待所之一。林彪在20世纪50年代末从苏联治病回来以后,就在这里继续疗养,一住好几年。那时叶群在市教育局挂个名,其实并不做什么工作,他们的儿子林立果与他们同住,转到中国中学读书。

据当年为之服务的老同志龚庆祥先生说,林彪那时不知患了什么怪病,一动就出汗,为了凉快,他不住朝南的房子而住朝北的储藏室,不睡席梦思床,而睡帆布行军床。饮食也与众不同,常吃白切肉烩大块黄芽菜,还常吃羊杂碎。那时上海有个回民开的屠宰场,在现在的万体馆一带,每套羊杂碎2角7分钱,包括羊肠、羊心、羊肝等。一周买一次,一次买10套,林彪要白水煮了吃,不放油盐。他吃药也是自己开药方叫护士去华东医院拿药。他们住到1965年就去北京了。

后来江青也来此住过。江青也有"怪病",怕光又怕声音,所以把玻璃换成双层的,窗帘也换厚的,地上铺的是厚地毯。工作人员一律要穿草拖鞋,省得弄出声响。她稍不合意就发脾气。

"文革"前夕房管部门曾来大修房子,工作人员在一处被封死的楼梯底下的一个储藏室里,发现2箱子弹和防弹衣,想必这是当年宋子文的旧物。改革开放以后成为市委老干部局办公处。

▲ 楼梯

▲ 当年的铜门,只是换了把手

▲ 宋子文旧居远眺

▼ 楼前小景

▲ 台球房

▼ 宋子文旧居大门

盛重颐豪宅南立面

宋子文盛公馆里遭白眼

淮海中1517号(现为日本驻沪领事馆总领事官邸)

位于淮海中路上海图书馆东邻的日本驻沪领事馆总领事官邸,是一幢建于1900年的超级豪宅。目前上海滩保存完好的上千栋花园洋房,鲜有堪与之比肩,仅从临街的黑漆大门上,即可领略其豪气之一斑。

该楼的南门有8根罗马式大立柱,两侧的平台下又各有4根小立柱,门廊顶部刻有一组精美的图案,周围高枝连理,郁郁葱葱,远远望去,犹如西方的皇家宫苑,非常气派。进门厅,迎面几折金碧辉煌的屏风。绕过屏风,可见一个形制华美的水晶大吊灯悬在空中,那柔和的光泽,照着两侧从地面直铺向天花板的咖啡色装饰板,使得上面的层层雕花,都焕发出铮亮铮亮的精神。门厅左侧有一道铺着红地毯的楼梯,线条舒缓地伸向2楼。2楼是主人的卧室、书房和小会客室,3楼是客人房、活动房和储藏室。1楼有中式客厅、西式客厅及中餐厅、西餐厅、厨房。出门廊沿石阶而下,可步入一片宽大的草坪,当年,那儿有座汉白玉的小女孩石雕和喷泉……

这处花园豪宅原是德国人所建,属于新古典主义风格,抗战前被晚清重臣盛宣怀的第五个儿子盛重颐(世称盛老五)购下,一直住到1948年,以100万美元卖给荣宗敬的二公子荣鸿三。盛

▲ 辛亥革命后,盛宣怀与儿子盛恩颐、盛重颐(右)

▲ 铺着红地毯的楼梯

▲ 盛公馆漂亮的大门

重颐是盛家兄弟中比较持重守业的一个，长期以来投资房地产和金融业，均比较稳健，买下此豪宅的时候，正是他的事业蒸蒸日上的时候。

盛家有个阔朋友，即国民党财政部长宋子文。宋子文当年留学回沪之初，曾是汉冶萍公司总经理的英文秘书，总经理即是盛家四公子盛恩颐（世称盛老四）。那时盛家住静安寺路（现南京西路）成都路路口，人称斜桥盛公馆。宋子文常常去向盛老四汇报、请示工作，于是认识了聪明漂亮的盛七小姐盛爱颐，并向她求婚。那时盛家财大气粗，还看不起宋家，虽说老太爷去世了，但瘦死的骆驼比马大，一切由庄夫人（庄德华）说了算，庄夫人硬是不同意这门婚事。后来宋子文南下广州参加革命，与七小姐相约革命成功后再回来结婚。可是等宋子文1927年回到上海时，已是使君有妇，带来了张乐怡夫人。

宋子文想当面向七小姐道歉，在盛老五的帮助下，就在这幢豪宅里安排了一次旧友相见。他们怕七小姐不来，事先并未讲清什么事，就说请她来喝下午茶。至时七小姐一见有T.V.（宋子文）在场，一下子拉下脸来，拔腿就走。大家劝她留下来一起吃晚饭，她说："我丈夫在等我！"把宋子文晾在一边。宋子文遭了白眼自觉没劲，也走了。抗战胜利后，孔祥熙、宋霭龄夫妇从重庆回到上海，也来此借住过1个月，因他们自己的寓所正在装修。1948年荣鸿三买下此楼后没住多少时间就前往香港和美国，此楼交给他的亲戚看管，直至1956年公私合营。

公私合营后，此楼先后曾作过上海教育局和市妇联的办公处。中日邦交恢复正常后，市府租给日本领事馆作办公处。现为日本驻沪总领事馆总领事的官邸。

▲ 金碧辉煌的门厅

▲ 朋友在门厅

◀ 客厅

◀ 彩色玻璃窗花

◀ 盛公馆旧影

▶ 盛重颐的办公室

▶ 当年的豪华卧室

▶ 昔日花园,今已不再

总董"白宫"侧影

法租界的总董"白宫"

汾阳路79号（现为上海工艺美术博物馆）

法租界的总董"白宫"

汾阳路太原路路口的一处高墙深院内，安卧着一幢法国宫廷气派的洋楼。洋楼通体洁白，主体部分是一半圆形的突出建筑，上面缀满了好看的彩色玻璃。2层有宽阔的露台，那露台的栏杆，就像维吾尔姑娘的百褶裙，优雅地层层散开。楼的两侧，各有一道流水般款款而下的合抱式楼梯，干净得像用海水洗过……这儿是当年法租界的最高首领、公董局总董的官邸。

▲ 大理石雕花壁炉

这幢房子设计于1900年，建成于1905年，属于法国文艺复兴风格的花园豪宅。1914年，法国驻沪总领事兼总董甘世东借口界外道路警权不清，再次向中国提出扩展租界的要求。那时是袁世凯当政，正面临革命党人以租界为掩护进行讨袁斗争。袁世凯为了自身利益，就以法租界当局必须协助缉捕在租界内活动的革命党人为条件，同意了法租界的第三次扩张，使其总面积达到了1022公顷。在这儿发号施令的最后一任总董叫马捷礼。1941年底太平洋战

▲ 总董"白宫"旧影

▲ 法租界总董"白宫"

▲ 好看的楼梯

争爆发的第二天，日军出兵占领了公共租界。由于当时法国政府已向希特勒投降，所以日军允许法租界表面上保持现状，但是一切得由日本人说了算，使马捷礼的公董局在风雨飘摇中，维持到1943年汪伪政府收回租界为止。

这栋豪宅后来又经历了很多事情。抗战胜利后，联合国世界卫生组织曾在这里办公。1949年后，陈毅市长曾来此住过不长的一段时间，然后又成为中苏友好协会机关的办公处。1963年5月，在陈毅同志的关照下，把一批身怀绝技的老艺人请了进来，在这里创办了工艺美术研究所，让老艺人们发挥他们的艺术专

总董"白宫"远景

▲ 水墨花窗

长,把手艺传给年轻人。十年浩劫期间老艺人们被"江青反革命集团"赶了出去,林彪的儿子林立果窃据这里,为非作歹一时。"江青反革命集团"被粉碎后,工艺美术研究所得以搬了回来,如今是上海工艺美术博物馆。改革开放以来,该馆接待过很多国家元首和著名人士,如美国总统里根、英国首相希思、拳王阿里、埃及总统夫人、法国总统夫人……

由于这房子太豪奢、太美丽、太响亮,因而视为"汤司令"的官邸就再合适不过,所以《南征北战》《大雷雨》《宋氏三姐妹》《十兄弟》《聂耳》……都曾来此取景。

▲ 彩色花窗

▲ 1楼棋盘般的天花板

法租界的总董"白宫"　　213

▲ 大吊灯

▲ 1楼展厅

▲ 草地与露台

▲ 露台与台阶

鸿英图书馆原址（现徐汇艺术馆）

叶鸿英先生捐建的图书馆

淮海中路1413号（现徐汇区艺术馆）

位于淮海中路复兴中路路口的徐汇艺术馆,是一栋红色3层砖混结构的西式建筑。它的前身是鸿英图书馆,是由著名的福建籍实业家、慈善家叶鸿英先生(1860—1937)于1933年捐建的。

叶鸿英先生自幼跟随父母来到上海,十几岁就在外滩十六铺码头当学徒。凭他的智慧、勤奋和胆识,21岁就掘得了第一桶金,在当时的海味行初露头角,接连创办了自己的商号:源润号和源来号,还把生意做到了日本和朝鲜。在第一次世界大战时期,他的儿子叶庚三已经成了他的好帮手;到20世纪30年代初,他的孙子叶元和也可以独当一面了,于是叶家的生意更加飞速发展,在香港和南洋都设立了分号。

发财致富后的叶鸿英,一方面大量投资工商业,另一方面大做善事。他捐资100万元,用于举办图书馆和乡村小学,其中40万元用于鸿英图书馆;60万元在上海郊区创办了4所鸿英小学。同时捐款红十字会、贫儿院、仁济堂、残废院、南洋慈善基金会等,还担任了这些慈善组织的董事。

鸿英图书馆的前身是黄炎培、史量才等人创办的"甲子社",后来改为"人文图书馆"。1932计划扩建图书馆时,缺少资金,叶鸿英先生慨然捐助,遂命名为鸿英图书馆。与一般的藏书楼

▲ 叶鸿英先生

不同，鸿英图书馆专门收集民国资料，从民国元年起出版的中文书籍、杂志、报纸、地方志以及家谱资料等，都在收藏之列。到1950年代，已经藏有书籍15万册，各种报纸杂志3 000余种，著名学者贾植芳、王造时、罗隆基等都是这里的常客。这座图书馆后来在1952年由上海市文化局接办，珍贵的历史资料调往北京有关部门；1955年与新闻图书馆合并；1958年又并入上海图书馆；2004年房子大修后，成为徐汇艺术馆。

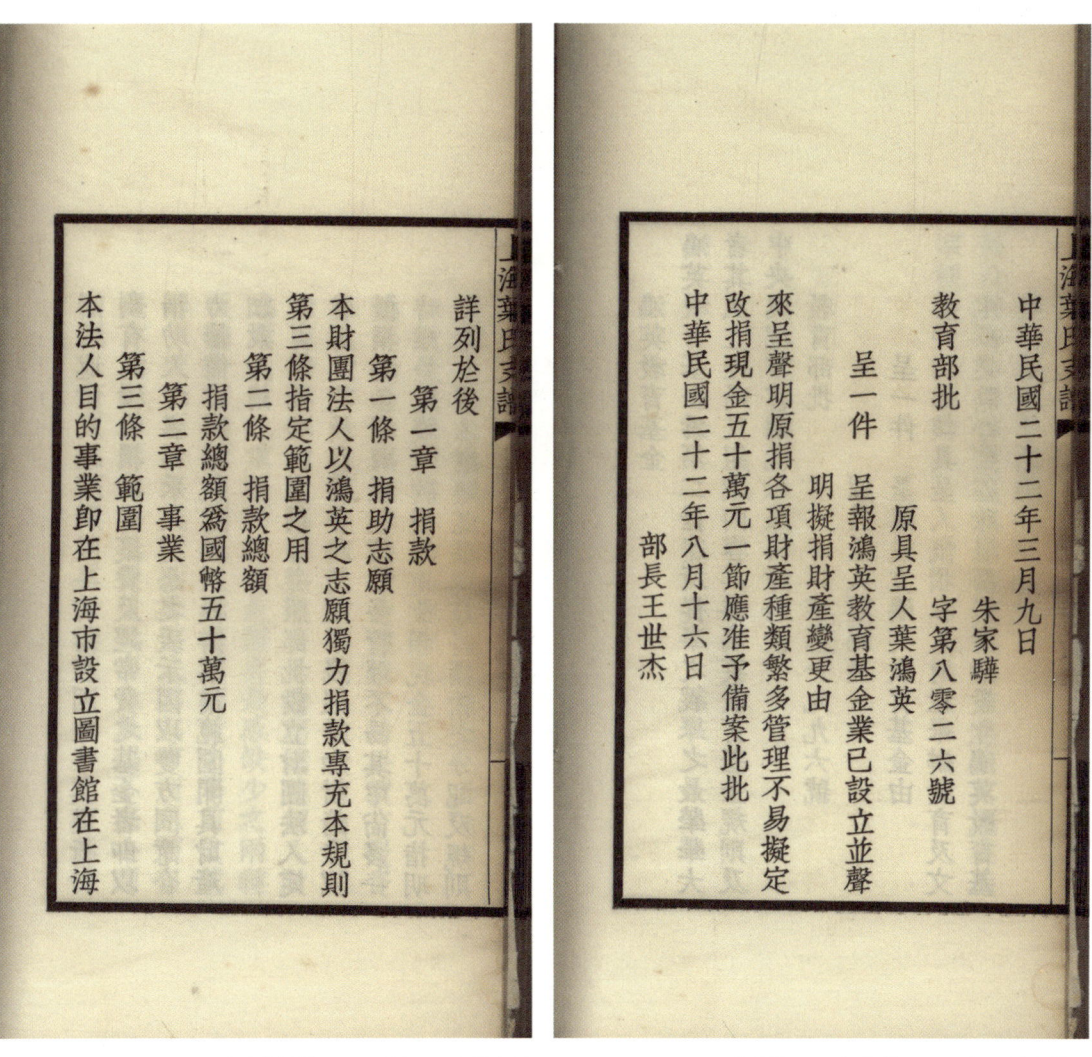

▲ 叶鸿英捐款50万元设立图书馆资料　　▲ 叶鸿英1933年捐款50万元设立教育基金

丁善德旧居外景

新康花园里的丁善德旧居

淮海中路1273弄5号（现为民居）

新康花园是上海滩著名的高档住宅区，北门开在淮海中路，南门开在复兴中路，是所谓黄金地段中的黄金地段。这个地方早年是新康洋行老板（英籍犹太人）的私人花园，园内除了住宅，还有草坪、网球场、游泳池，非常气派。1933年起，北部地区改建成11栋砖木结构的西班牙式花园住宅，南部地区改建成4栋斜角对称的公寓楼，4栋公寓的中心设有花坛，于1934年全部建成。

如今看来，坐落在这样一个地段的这片2层楼的花园住宅群，实在是太奢侈了，楼矮路宽，在市中心独一无二，不仅弄内道路有五六米宽，毫无高楼大厦的压迫感，而且一层一户，每户人家出入各有大门，楼下的花园也一分为二，每家一方绿地，私密性很强，这在20世纪30年代，不能不说是很新潮的设计。新康花园与一墙之隔的上方花园一样，历来都是藏龙卧虎之地，住户中有不少实业家、银行家、艺术家、音乐家、名律师，还有一些达官贵人。

著名作曲家、钢琴家、音乐教育家丁善德先生（1911—1995）也在此住过，他生命的最后10年是在5号楼里度过的。丁善德先生是江苏昆山人，从小就广泛接触了民间音乐，1928年考入上海国立音乐总院钢琴系，1946年任南京国立音乐学院教授，后赴法国巴黎进修，中华人民共和国成立后长期在上海音乐学院执教。曾担任上海音乐学

▲ 著名作曲家丁善德先生

▲ 丁善德先生在创作中

▲ 老两口几十年相敬如宾

院副院长兼作曲系主任,中国音乐家协会第三、四届副主席,上海音乐出版社社长;还多次担任国际钢琴比赛的评委。他在60多年的音乐生涯中,创作了大量有深远影响的音乐作品,其中最著名的有《长征交响乐》《春之旅》钢琴组曲、《E大调钢琴奏鸣曲》《序曲三首》《中国民歌主题变奏曲》《新疆舞曲》等,编写了多种音乐教材,培养了几代知名的作曲家和钢琴家,如朱工一、周广仁、王西麟、王酩、何占豪、陈钢等,都是他的学生,真的是桃李满天下。

在丁善德先生的影响和指导下,他的后代中也代有人出。他的女儿丁健诺、丁芷若、外孙余隆,如今都成为很有影响的音乐家。

◀ 丁善德先生的最后10余年在这里度过

小院里有棵大松树

▲ 新康花园的典型房型

▲ 花园虽小，也蛮温馨

邱家花园被平移到了马路边

养着老虎、蟒蛇的邱家花园

威海路412号（现为商业用房）

威海路靠近石门一路的地方,有一幢古堡式的3层红楼。多年来,那红楼上下不知披挂了多少年的爬墙虎,把2楼那排整齐的拱券式柱廊,装扮得蓬蓬松松,古色古香。楼的东西楼头有两个"堡垒",一高一低,显得并不对称(其中一个在火灾中烧掉了1层),但正中"山门"上的石雕,和楼内无处不在的精美纹饰,以及底层半人多高的石头台基,都传递出一种特殊的信息——那是只有过去的大户人家才有的威仪。

的确,这是栋建于1907年的百年老楼,原是一个德国颜料巨商建造的。第一次世界大战爆发时,欧洲在打仗,德国人要回国了,把库存的染料以很低的价格让给了他们的买办——忠厚的邱氏兄弟邱倍山和邱渭清。不久,受战争影响,海上运输中断,外国染料无法进口,邱氏兄弟手中的染料一夜间身价百倍,他们成了大富翁。战后德国人回来,就把这两栋房子卖给了邱氏兄弟,两兄弟一人一栋(1949年后被拆掉一栋)。

邱家兄弟的前辈是山东微山湖上的打渔人,祖先是梁山泊的绿林好汉。19世纪末,他们为生活所迫,南下谋生,先到扬州,后来到了上海,进德国

▼ 邱家花园主楼在民立中学时期的旧影

养着老虎、蟒蛇的邱家花园

▲ 干干净净的门厅

▲ 楼梯木板坏了，栏杆依然坚挺

▲ 挡不住的奢华（邱家花园西门旧影）

▲ 北部风光

商人的染料号打工。有了资金积累后,他们办起了自己的公司——"广大沅"染料号,生意越做越大。可是他们身在大上海,却总是怀念微山湖边的山林生活,甚至到了20世纪30年代和40年代初,他们的花园仍养着老虎和蟒蛇。那花园中还辟有一泓池水,内有鳄鱼、穿山甲,池岸还有鸽棚,养了2000只鸽子。每天清晨鸽子出笼的时候,在威海路上空呼啦啦一大片,天空也被遮去一半。邱家人都很喜欢养鸽子,邱家长房长孙还在信鸽比赛中捧过大奖。

1940年后,邱家把房子租给民立中学作校舍,一直到20世纪50年代公私合营,邱家人才逐渐脱离了这里的"古堡",另觅住处。新的住处没有花园,原先花园里的动物只好送的送、卖的卖、从此散了伙。只有那2 000只鸽子最可怜,有不少被人捉来杀了吃了。近年来,随着教育事业的发展,民立中学迁入更大的校舍,这里成为商业用房,经过精心整修,已经平移到威海路路边,而且面貌更精神了。

▲ 漂亮的北门

养着老虎、蟒蛇的邱家花园

▲ 修整一新的邱家花园主楼侧影

院子里有一口老井

影响了半个中国的宋家老宅

陕西北路369号（现为中国福利会办公室）

影响了半个中国的宋家老宅

▲ 宋家老宅

▲ 宋家老宅侧影

▲ 宋家老宅南立面

▲ 宋家老宅一角

宋家老宅是一处目前罕见的、仍旧用竹篱笆圈做围墙的花园洋房，占了陕西北路、南阳路路口的一个拐角。篱笆上蓬蓬松松、生机勃勃地挂满了爬墙虎，在周边的水泥森林中，自是别有情趣。如果想探视篱笆墙里面的动静，那不是件容易的事情，因为大门常年紧闭，少有人进出，明眼人一望便知，这是个很有历史积淀的地方。

这处花园洋房是座典型的百年老屋，建于1908年，原是一个外国人的别墅，属于英国古典主义风格。1818年5月，"宋家王朝的领袖"宋耀如先生去世不久，其夫人倪太夫人就率儿女移居于此，从而给这个花园带来了半个多世纪的传奇故事。倪太夫人的卧室是2楼正中的一间，也是整栋房子中最好的一间，其左侧是宋美龄的闺房，另外两间是宋子安和宋子良的卧室。宋家其他三兄妹宋霭龄、宋庆龄、宋子文已经各有住处，但他们时常来此看望他们的母亲。

这个花园里举行过两个非常隆重的典礼，一是1931年7月，倪太夫人在青岛病逝后，遗体被运回这栋小楼，宋家就在这里为老人举行了宗教告别仪式。那些日子，每天前来致哀的亲友、国民政府政要和社会各界贤达络绎不绝，蒋介石也特地赶来，还参加了在万国公墓举行的葬礼。

自然，比倪太夫人的葬礼更加隆重的是蒋介石和宋美龄的婚礼。1927年12月1日，蒋介石梦想了5年的"蒋宋联姻"，终于美梦成真。他们在这儿举行了婚礼，余日章为主婚人，整个花园、过道和客厅，摆满了各界人士送来的花篮。由于宋美龄是基督教徒，随后他们又去慕尔堂履行了宗教仪式的婚礼。最后他们来到附近的大华饭店大宴宾客，由于宾客太多，车辆太多，周围途为之塞。这个盛大的典礼中外各大报纸均作了长篇报道，外国人称之为"中国人的一个显赫的典礼"。宋美龄从此走出了这个花园，成为宋氏姐妹中的又一位"第一夫人"。

1949年，宋庆龄曾在此收容难童，办过幼儿园，掩护过中共地下工作者。后来也在此办过托儿所，还安排过她的中外朋友居住，现归中国福利会使用。

▲ 竹篱笆墙挡不住满园春色

▲ 蒋介石、宋美龄在此成婚

▲ 通向花园的小门

从高空俯视宋家老宅

影响了半个中国的宋家老宅

▶ 门厅里的沙发

▶ 宋家老宅门厅

▶ 室内雕花

永年人寿大楼外景

永年人寿保险公司大楼

广东路93号（现为民生银行外滩支行）

与外滩仅一路之隔的永年人寿保险公司大楼，是一栋英国新古典主义风格的4层钢筋水泥建筑，由当年的英商汇广建筑公司承建于1910年，如今已100多年了。这栋100年前的庞然大物，在外滩一带的高楼大厦中，资格算是老的，但如今远远望去，并没有显出老态龙钟，如果步入其中，还会有惊奇的发现——原来西方宗教题材的绘画、雕刻、彩色玻璃镶嵌艺术，在100多年前的外滩，就已经落地开花了。

这栋大楼突出的特点是，内部装饰极其典雅、精致，而且具有浓厚的人文气息——沿街所有的大玻璃窗都用进口彩色玻璃，拼成色彩绚丽的圣经人物故事图案；大楼入口处的门厅、柱子、楼梯及整个底层大厅，都用白色大理石装饰，色调十分高雅、庄重。举目还可看见精美的马赛克拼图和壁画，据说原先还有大理石人物雕像（在后来的"革命"中被"革"掉了）。门厅的拱顶背景是金色的，

▲ 永年人寿保险公司买办谢崿亭

▲ 谢崿亭全家福 后排右一谢铭恩，右三谢铭勋

▲ 门厅里精美的壁画和装饰

▲ 门厅里的浮雕

▼ 富丽堂皇又充满艺术气息的门厅

上面有一组女神围绕着一个花环舞蹈；大厅的门楣上，还有两块雪白的幼儿和母亲的浮雕，那柔美的线条和生动的画面，令人百看不厌。顺着楼梯来到楼上，凡是公众活动的地方，如走廊和楼梯拐角处，都能看到精美的雕花和装饰。

这栋大楼之所以在装饰上如此突出人文气息，是与大楼当年的使命有关系——这原是英商永年人寿保险公司总公司的办公大楼。该公司1898年在上海创立，老板是英国人摩尔，最初只承担外国人的寿险业务，1901年开始接受中国人的寿险保单，业务量逐渐上升。人们加入人寿保险，目的是求得平安，而宗教题材的艺术作品，也是表达一种上帝保佑的意思。保险和保佑连在一起，无形中使得保险公司似乎成了上帝保佑的代言人，这样无疑更有助于招徕生意。

有资料表明，这家永年人寿保险公司的买办叫谢峙亭，原先是办盐的盐官，因常年生活在上海租界里，英语很好，被英国老板延为买办。他有9个孩子，老四谢铭恩（字寄闲）是日清轮船公司的买办，早年是同盟会会员。老二谢铭勋（字孟军）是辛亥革命时期的革命老人，与于右任、宋教仁、邵力子、章士钊、刘三、黄炎培等均为挚友。于右任办《民呼报》《民吁报》时，均得到谢铭勋经济上的大力支持。民国时期广泛的社会交往，使他收藏了大量民国元老人物的字画，可惜后来毁于"十年浩劫"。谢家后代大多从事科学技术工作。谢峙亭的一个女婿，是我国现代建筑界前辈庄俊（其夫人谢铭锦是早期中西女中毕业生）；曾孙谢礼立是我国首批工程院院士、

▲ 宗教题材的花窗

▲ 宗教题材的花窗

联合国减灾委员会专家组成员，著名地震减灾专家、国家地震局总工程师。

　　永年人寿保险公司在第一次世界大战中生意遭遇重创，后来把大部分楼面卖给了虞洽卿的三北轮船公司。1955年，大楼由上海市房地局管理，租给培高钟厂使用，后来归轻工业局使用，现在底层是民生银行外滩支行，3楼是轻工业局的老干部活动室。

▲ 2楼的楼梯和过道

永年人寿保险公司大楼

▲ 大门口的拼花地砖

▲ 好像步入了欧洲的美术馆

▲ 穹顶上的神女彩绘

用印玺压咸菜的叶铭斋旧居

华山路1220弄10号（现属解放军九〇三医院）

华山路靠近江苏路的地方,也就是解放军九〇三医院住院大楼的后面,"藏着"一组好看的老洋房。这组老洋房共12栋,建于1918年,中心地区原有网球场和篮球场,西北部当年还流淌着一条小河,这就是范园。

这些小楼的气韵非常别致,风格各异,建材讲究,在"海派"住宅建筑中绝对堪书一笔。查一查楼的旧时主人,更令人眼前一亮——原来这是一些大银行家和大实业家的住宅,主人们曾在上海滩叱咤风云。

▲ 正金银行买办叶铭斋

这些银行家们住到一起并不是偶然的,而有着一个特殊的背景,即1916年上海银行界联合起来,抵制袁世凯的金融政策,是"抗兑"斗争胜利后的"纪念品"。在庆祝胜利的宴会上,银行家们举着酒杯商定了这件事,随后合伙

▲ 叶铭斋旧居是范园中最漂亮的一栋

买下了这块地皮,共75亩,陆续造起了各自的小楼。

其中的10号楼,当年是苏州洞庭山人叶铭斋的。叶铭斋是苏州金融买办世家席氏家族中席缙华的女婿,是日本正金银行的第一任买办,而其丈人席缙华则是英商有利银行的买办,家中有钱,自不待说。叶铭斋有一个儿子叫叶承铭,与老太爷志趣大异。他从美国留学回来,对举办实业兴趣不浓,却很喜欢摆弄收藏。他一生似乎并未正经做过什么事,但是喜欢结交国民党元老,尤其与司法院院长居正等反蒋势力稔熟,在抗战胜利后还参加过竞选上海市市长。他收藏的古物山堆海积,各个房间里俯仰皆是,明清珍瓷就随便放在桌上,还把全套的乾隆时的餐具拿出来招待贵客。

有一天他家的佣人要找一块石头压咸菜缸,一时找不到干净的石头,看见门边有一方石头挺重,就顺手拿来压进了咸菜缸。后来取咸菜的时候有人发现,那方石头竟是一块清朝某位皇帝的印玺。此事哄传出去后,至今仍是老上海们饭后的谈资。

叶承铭的大太太生了两个儿子,继室是上海滩一号汽车主人周纯卿的大女儿周云玲。叶承铭于"文革"中悒郁而终,他的后代靠自强奋斗,现在是西餐业中的后起之秀。

◀ 楼内楼梯

上台阶是1楼,下面是地下室

楼的背后

张学良将军上海公馆的大门

酝酿了西安事变的张学良公馆

皋兰路1号(现为外国驻沪领事馆)

▲ 张学良将军

复兴公园的西门南侧,有一幢精致的淡黄色西班牙小楼。楼不太高,园不太大,可是里面住过的一位人物名气很大,他就是西安事变的发动者——张学良将军。这儿曾是张学良将军的上海公馆。

1934年1月,张学良将军在欧洲作了一段时间考察之后回到上海,他的贴身侍卫副官谭海(从小与张一起玩的小兄弟)向一家银行租借了这幢房子,后来就作为张学良在上海的公馆,张不在上海的时候,赵一荻小姐(赵四)常过来住。

当时张将军在上海根本得不到休息,小楼几乎成了国内各种势力角逐的场所。虽说东北军"九一八"后撤到了关内,张学良背上了"不抵抗"的罪名,但他毕竟拥有数十万兵马,而且装备精良,这支队伍今后何去何从,在国内各种势力的角逐中,具有举足轻重的意义。所以,各地的军阀都派了亲信

▲ 张学良将军的上海公馆旧址

来游说张学良，其中有四川的刘湘、青海的马鸿逵、山西的阎锡山、河北的宋哲元、山东的韩复榘等，还有东北军内部的各路将领。国民党内部派系纵横，各派人物也都在拉拢他。他们川流不息地前来会见，都在为东北军的前途出谋划策。多数人都主张，东北军这么有实力，应当保持独立，不必跟老蒋搞在一起。可是，与大多数人的愿望相反，张学良最后还是选择了"拥护领袖（蒋介石）"的道路，他认为中国的问题出在军阀混战，力量不统一，无法战胜日本人。自己的东北军力量再强也是一路军阀，自己愿意作出表率，拥护中央，结束内战，一致对外。

▲ 张将军上海公馆的说明牌

▲ 赵四小姐（左三）与亲友们在皋兰路1号

1935年11月，张学良将军再次住进了这幢小楼。他这次来不为别的，是来寻找中共地下党的。这时他在西北地区已经尝到了"剿共"的苦头，与老蒋产生了重大分歧，想通过在上海的东北老人李杜和杜重远寻找共产党，表达他"联共抗日"的愿望。后来李杜把中共地下党人刘鼎介绍给他，担任张的英文秘书，并跟随张学良住进了西安的张公馆，开始了西安事变的酝酿和准备。一年后，西安事变爆发，最终形成了抗日民族统一战线，可是张将军为此付出了沉重的代价，小楼里再也没出现过他的身影。

40年前，笔者为张学良将军的卫队营营长孙铭九先生作口述历史时，亲耳听孙先生详细讲述了这段过程。

◀ 大门

▶ 历史建筑名牌

陈公博短暂的"主席"官邸

陈公博短暂的"主席"官邸

淮海中路1110号（现为东湖宾馆7号楼）

▲ 门厅

▲ 室内无处不雕花

▲ 会客室

淮海中路东湖路口拐角，有一扇很气派的黑花大铁门，从镂空的大门朝里望去，可见一条幽静的水泥路弯弯地伸向树林深处。沿路前行数十米，有一片绿茸茸的草地，草地周围，是一圈高大的香樟树，把市肆的万丈嚣尘挡在了院外。草地尽头，横卧着一栋深灰色的大洋房，这是淮海中路沿街为数不多的大花园洋房之一。

这栋闹中取静的豪宅，20世纪20年代是犹太人约瑟夫兄弟的住宅。他们是十里洋场炒股票和外汇的能手，在南京东路中央商场内的外国股票交易所——众业公所，不晓得赚了多少钞票，在抗战爆发前的数年间，能左右上海外汇市场的半壁江山。以至于他们的买办陈某的外甥魏某，也"近朱者赤"，成了外汇经营专家，改革开放之初出任上海外汇交易中心的顾问。如此洋大人，把自己的"窝"建成一栋无处不雕花的豪宅，直如小菜一碟。抗战爆发后，上海市面一落千丈，无钱好赚了，约瑟夫兄弟离开了上海，把房子卖给了一个商人。

1940年3月，陈公博正式踏上汪精卫的贼船，从香港来上海出席汪伪的六届二中全会，担任伪立法院院长。10月，因汪伪上海市市长傅筱庵被军统暗杀（在家中熟睡时，被老佣人朱升用斧头砍死），陈公博就继任了上海市市长。1944年11月汪精卫在日本病死之后，陈公博又登上了汪伪政权的最高峰——代伪国民政府主席、伪国民党中央执行委员会主席。官做得大了,房子也就大了。他平时在南京,而周末总是回上海住,淮海中路东湖路口的这个大花园就成了他的官邸。那时,距离日本鬼子投降已经不到一年时间了。抗战胜利后,眼看蒋介石要回师东来,蒋介石重用周佛海而冷淡他陈某,同时周佛海也欲置他于死地,所以"三十六计,走为上计"。1945年8月25日凌晨,陈公博乘机逃往日本,后被押送回国受审、执行枪毙。

1949年后国家接收了这栋豪宅,曾作为苏联驻沪商务代办处,后来成为市委招待所。"文革"中王洪文来此住过3个月。现为东湖宾馆7号楼,被一企业单位长期租用。

▲ 精美的储物柜

▲ 室内的彩色花窗

▼ 大宴会厅

▲ 酒吧

▲ 小餐厅

▲ 外墙一角

经典住宅,神韵依旧

正广和老宅里的风云人物

武康路99号(现为民居)

▲ 正广和老板豪宅旧影

▲ 出入这栋豪宅的历来都是风云人物

武康路99号对于一般市民来说，始终是个陌生的地方。近几年，沪上不少人家的院墙都"破墙透绿"了，而这儿仍旧高墙耸立，大门紧闭，历年"文化遗产日"向市民开放的老洋房中，总是不见此楼的名字，甚至拿着市规划局的介绍信，也无法"攻"入其中。人们只能从那漫过院墙、探向街心的梧桐树枝，和那绿树间若隐若现的尖尖红顶，判定这是个不同凡响的地方。

没错，这儿确是一个风云人物驻足的地方。

房子建于1928年，原是英商正广和老板的住宅，属于典型的英国乡村别墅式样，陡峭的双坡大屋顶及半露于外的红色木结构，加上2楼宽大的露台和楼下漂亮的花园，无不显示了主人的富豪身份及雍容、典雅的贵族意趣。

抗战期间这儿换了主人，正广和老板被日本人关入集中营，一个钞票未必比正广和多，但权势很大的坏蛋搬了进去。此人叫唐海安，与宋子文是同乡，也是留美的新潮人物，宋子文很赏识他的聪明，1931年委以江海关（上海海关）监督一职。在海关的公文往来中，他的签名要在当时的税务司伯乐德（法国人）之上，掌握了上海海关的关税大权。他对宋子文曲意奉承，每当周末宋子文从南京回上海，他都要去北站迎接，以至于1931年7月，暗杀大王王亚樵在北站向宋子文行刺时，第二号目标就是他唐海安。可是枪手们走了神，没击中宋、唐，却击中了另外一个唐，即宋子文的机要秘书唐腴胪，让唐海安躲过了一劫。抗战期间他没去重庆，跟回力球场的法国老板搞在一起，大发其财。宋子文曾有信给他，叫他离开上海前往内地，他没有理睬。抗战胜利后自然锒铛入狱，花钱经人疏通后放了出来，后来死在香港。

1947年，一对年轻的夫妇买下了这处花园洋房（当时买价20万美金），女主人是"面粉大王""棉纱大王"荣宗敬先生的小女儿荣卓如，男主人是著名犹太富商哈同的大儿子乔奇·哈同。荣卓如天生丽质，中西女中毕业后考入震旦大学，读商科，1942年大学毕业，1947年结婚。他们把房子重新装修了一遍，所有的地板和护

▲ 刘壸龄拜访刘靖基先生

▲ 荣卓如女士如今100岁了，在香港生活

墙板均换成柚木的，还在3楼布置了一个台球房，因为乔治·哈同喜欢打台球。那个球台是从法国定制的，非常考究，有"上海第一台"之誉。他们夫妇有4个孩子，大女儿就出生在这栋洋房里。

中华人民共和国成立前夕荣卓如夫妇前往香港。由于乔治·哈同是英国籍，按照当时中国政府与英国政府关于处理英国侨民在华财产的若干协议，此楼最后归入房管所的版图。中华人民共和国成立后这里作为市委招待所，潘汉年、魏文伯、王震都曾住过。"文革"前是华东局机要局的办公处。"文革"后，著名实业家、民主人士刘靖基先生年迈回沪，落实政策时市政府安排其全

家入住。刘靖基先生一生除了实业和社会活动，还是个文物收藏家，他的书房里琳琅满目，全是名人字画，曾捐给上海博物馆40件精品，其中有宋朝张即之的行书《待漏院记》。

▲ 关不住的秀色——正广和老板豪宅大门

袁左良旧居，现为市文史馆

众说纷纭的袁左良旧居

思南路41号（现为上海文史馆）

▲ 墙头的装饰小品

▲ 彩色玻璃镶嵌的内门

思南路复兴中路的拐角处，高大的黑漆铁门内坐落着一栋西班牙风格的独立式花园洋房。长期以来关于这栋花园洋房的传说纷纭，很多人认为是袁世凯后代的房子。

据笔者了解，此房的主人叫袁左良，镇江人，20世纪20年代至40年代是金融业的知名人物，人称袁三爷，为早年钱业巨擘，后来进入金城银行，位至会计部主任，月薪2 000元，算是青云直上，财运亨通的富户。那时，银行界不少上层人物纷纷通过银行贷款建造安乐窝。有一天金城银行总经理周作民跟袁谈起造屋之事，袁表示"手头不宽"。周随即批给10万元巨款。袁从而选定了马斯南路地块（今思南路41号）大兴土木。谁知他一味求高尽美，历久未成。当周作民询及"你的房子究竟砌得如何了？"时，他面呈难色，说："造房造出

▲ 这样的玻璃屋顶在上海独一无二

▲ 穹顶上类似八卦的精美图案

▲ 豪华的会客厅

▲ 典雅的彩色玻璃窗

纸漏了。"问差额多少？答："现已超支2万余元。"周作民不置一言，随手又批给5万元。迨至新屋落成，光彩照人，雄踞沪上，路人无不称奇。袁左良自号"百斗斋主"，是指他收藏各种各样的鸦片烟枪和烟斗，用于结交权贵，应酬三教九流。此事传入周作民耳中，他亲自去袁公馆一看，大为不悦。从此周对袁日渐疏远。

　　这栋砖木结构的漂亮洋房建筑面积862平方米，庄俊建筑事务所承担了扩建设计和施工。这栋房子最富特色的建筑是西北角有一类似伊斯兰建筑的半球形穹顶的圆厅，有数十平方米，是袁宅的家庭舞厅。关于这个半球形穹顶的来历极富传奇色彩。我刚到文史馆时听说是从大华饭店拆掉后搬来的，后来糜耕云馆员也是这么说的。大华饭店在民国史上大名鼎鼎，它就是1927年12月蒋介石与宋美龄举行世俗婚礼的地方。我在查阅大华饭

▲ 古色古香的方形吊灯

▲ 看得出，这些都是手工制品

▲ 如此美丽的内门

店的历史照片时，果然见到一张大华饭店舞厅中有个与思南路41号一样的半球形穹顶，由此相信有关它的传说不虚。

袁左良在此一直住到"文革"前夕才搬走，1966年去世。对于房屋的转让问题，上海市卢湾区落实私房政策领导小组办公室称："该房屋1965年7月经业主申请，市房地局批准，作为出租私房纳入社会主义改造。"1978年6月，市文史馆恢复机构，并于1981年元旦与市人民政府参事室，由泰兴路文化俱乐部临时办公处同时迁入思南路41号新址。从此这里成为文史馆员开展文史研究，诗词吟唱，挥毫泼墨，交流学习，举办书画展览，进行中外文化交流等各项活动的场所，留下许多敬老崇文的佳话。如今，站立在思南路复兴中路口向北眺望，透过浓郁的香樟树叶，思南路41号花园洋房的黄墙红瓦格外抢眼，在喧嚣的大都市里，这栋经历了风雨岁月洗涤的老洋房益显高雅、厚重，使人感到上海这座城市深厚的文化底蕴和无穷魅力。（沈飞德）

▲ 花园南部景色

▲ 花园中竖立着张元济先生的半身铜像

楼南一景

"怪屋"的大客厅

朱老总叫出名的"怪屋"

虹桥路1921号内(现为西郊宾馆4号楼)

朱老总叫出名的"怪屋"

20世纪60年代初,董必武同志有事来上海,在市委招待所安排停当后,他对工作人员说:"听说你们上海有个'怪屋',在什么地方?抽空我想去看看。"工作人员问来问去,谁也没听说过有什么"怪屋"。后来市委招待处的领导知道了就去直接问董老:"您在什么地方知道的'怪屋'?"董老说:"我在北京听朱老总说的呀,他说他亲眼看到过的。"喔,原来如此!招待处的同志立刻明白了,董老指的一定是原淮阴路200号那栋姚家的老房子,前些日子朱老总在沪时的确去看过,此时已经划入西郊招待所(那时叫414招待所),仔细想想,那房子的确有些"怪"。从此,"怪屋"的名称就传开来了。

▲ "怪屋"老照片

▲ 房主姚乃炽(前右一)与伙伴们在"怪屋"客厅里练琴

"怪屋"就是现在的西郊宾馆4号楼,是座把小桥流水引进玻璃客厅的花园洋房。那房子建于1948年,是中国水泥厂老板、著名营造商姚锡舟(中山陵的承建者)的儿子姚乃炽的旧居。那房子最大的特点,是把室外的园林搬到了室内。走进一楼客厅,不仅满眼草木丰盛,还能听到哗哗的流水声——有两面墙全是用石块砌成,那石头缝里不仅长草,长龟背竹,还有小小的瀑布由上而下,在屋南的玻璃幕墙下汇成小小的溪流,然后流向室外。坐在这间客厅里抬头就能见天,因为半个客厅的天花板也是用玻璃幕墙制成,很自然地解决了采光问题。客厅的北部有一大间房间,一片乱石砌成的墙面上镶嵌了一个壁炉,周边是一些色彩相近的橱柜,

▲ 邓颖超同志（左二）参观"怪屋"

里面是厨房，可知这儿是当年的餐厅。2楼是主卧室和书房、琴房、小客厅。推开北门有一个小巧的游泳池。原来此楼的设计者运用现代派建筑中"有机建筑"的理论，依地势建屋，在房子背后的高坡上建了个小游泳池。其构思奇巧，设计合理，在上海滩独树一帜。

房主姚乃炽喜欢西洋音乐，是一个出名的音乐发烧友。他们兄弟从小都跟乐师学过琴，所以他家里一到周末，爱乐朋友总是成团成旅，吹拉弹唱，非常热闹。他的夫人朗尼莎是中国现代最著名的杂技、魔术师朗德山的大女儿，长得非常漂亮，在朗家的杂技团中走钢丝。郎德山曾带着他的杂技团在20世纪二三十年代，游遍了整个欧洲和美洲，巡回演出，回到上海后，参与投资建造了四处演出场所，其中包括著名的南京大戏院（即

▲ "怪屋"的客厅东部

现在的上海音乐厅）。朗尼莎嫁到姚家，自然给这栋房子带来了更多的艺术气息。

姚家小乐队中还有一个"怪物"，是旧中国最出名的广告公司"华商广告公司"老板的儿子，名叫查理林，是个不喜欢读书，每天都沉浸在西洋音乐里的小开。当时他在姚家小乐队中弹钢琴（改革开放后，东方广播电台每周"怀旧金曲"的节目，唱片都是他提供的）。常来姚家的还有薛文卿（和平饭店老年爵士乐队的成员）、"阿陆""小喇叭""阿强"，以及两个瑞士籍的朋友。他们不出家门的，就关在"怪屋"里吹吹打打，自我陶醉。

姚乃炽1956年去香港，房子由国家代管。20世纪60年代初，上海市委建造414招待所时房子被圈了进来，同时圈入的还有淮阴路168号。168号实际是姚乃炽的父亲姚锡舟的墓地，此时，墓地只好迁往虹桥路万国公墓，政府补偿给姚家12个墓穴，可惜"文革"中被造反派毁于一旦。

1986年姚乃炽回沪，向政府提出发还此房，有关部门按政策予以落实。姚氏鉴于此房已经在西郊宾馆范围内的事实，遂将房子售给了该宾馆，现为4号楼。改革开放后，不少国际著名人士慕名前来，美国国务卿基辛格、香港船王包玉刚等贵宾都曾前来下榻，并给予了很高的评价。

▲ "怪屋"大门也"怪"得够呛

▲ "怪屋"的游泳池

▲ "怪屋"内的中式装潢

▲ "怪屋"内景

▲ "怪屋"客厅里的小桥流水

▲ "怪屋"客厅一角

▲ "怪屋"东部的小河

"怪屋"西部的绿地

太古洋行大班住宅

兴国路72号内1号楼（现为兴国宾馆）

▲ 兴国宾馆1号楼（原太古洋行大班住宅）

走进兴国路72号大门，满眼一派欧洲别墅风光——十几幢红白相间的小洋楼，静静地坐落在平整如毯的绿草地上；楼边高大的梧桐、香樟和广玉兰，以婆娑温和的枝叶，撩拨着微风中的窗帘；时有翠鸟飞过，有的在屋檐下做窝……

这里现在是兴国宾馆，60年前叫上海市委兴国路招待所。70年前，是一帮老外的住宅。其中1号楼原是英商太古洋行大班的住宅；2号楼是美商海宁洋行老板的住宅；7号楼是一个外国医生的住宅；5号楼原是外国人的住宅，后被中国人买下来；6号楼原先也是外国人的豪宅，后被中国人买下来。1949年5月上海解放时，这里基本上人走楼空，只留下少数员工看房子。

中华人民共和国成立后，城市土地一律收归国有，私房业主必须交纳地价税。如果不交或者晚交，就要支付高昂的滞纳金。刚解放时，洋行买办们以为共产党打下了大上海，但不一定保得住大上海，于是采取观望态度，拒付地价税和滞纳金。但是几年下来，共产党成功地稳住了大上海，而太古洋行欠下的滞纳金已经可以买下这栋房子了。于是他们的留守人员主动提出以房抵税，其他各栋房子也有类似情况。不久，这片老外的别墅区就划归了国家的版图。

园中最大的一栋楼就是原太古洋行大班的住宅，既现在的一号楼。1949年后，华东局在此办过卫生干部学校。1956年市委招待处成立后，这里成为市委兴国路招待所。1959年中央八届七中全会在沪召开期间，毛泽东就住在这里的1号楼，刘少奇同志住5号楼。"文革"中这儿竟成了重灾区，5号楼是"张办"（张春桥办公室）；4号楼是"姚办"（姚文元办公室）。还有一个叫游雪涛的神秘人物常常出入其间，他手下有一个组织，是专门为张春桥收集情报的。当然，这些人后来都受到了历史的惩罚。

改革开放后，兴国宾馆的沿街路口又兴建了一栋五星级的宾馆巨厦，登楼俯视，可一览满园春色。

兴国宾馆1号楼南立面

兴国宾馆2号楼

▲ 兴国宾馆5号楼

◀ 遮天蔽日的
老樟树

▲ 兴国宾馆1号楼客厅

▲ 1号楼的吊灯和栏杆

▲ 好看的楼梯居然"漫"过大门

▲ 兴国宾馆1号楼北门

▲ 吊灯的奇妙效果

▲ 好看的走廊

▲ 2楼走廊里的立柱

周仁先生旧居

绿楼里的才子佳人

桃江路 25 号（现为民居）

▲ 周仁先生全家福

▲ 晚年周仁

这栋并不奢华的绿色小楼里，曾经住着一对上海滩有名的才子佳人——周仁、聂其璧夫妇。

周仁先生是个极为严谨、认真而且性情温和的学者，是我国著名的冶金专家及陶瓷专家。他早年考取清华庚款，与胡适、竺可桢等著名学者同批留学美国，入康奈尔大学学习机械和冶金专业，回国后曾任上海交大教授兼教务长、中央研究院院士兼工程研究所所长，抗战时在昆明办过炼钢厂，炼出了我国第一炉锰钢。中华人民共和国成立后周仁先生担任中科院华东分院副院长、冶金研究所和硅酸盐研究所的所长、上海科学技术大学校长、中科院学部委员，还是全国第一、二、三届人民代表，对我国的冶金工业和陶瓷工业的发展作出了重要贡献，多次获得国家自然科学奖和重大成果奖。

聂其璧则是个很有个性的名门闺秀，她的父亲聂辑椝是晚清时期的上海道（上海市市长），母亲是曾国藩的小女儿曾纪芬，她是聂家的小女儿，从小聪明伶俐，性格活泼，非常受宠。但她不但不娇气，反而很大胆泼辣，遇事很有主见。她在教会学校学得一口流利的英语，结交了许多洋朋友，喜欢出入社交场合，还是个执着的追星族，曾经独自一人跑到美国好莱坞，去看望她所崇拜的电影明星。她与周仁教授结婚，曾几何时，也成为一件不大不小的"事件"，因为出任女傧相的是宋美龄，"文革"中就被造反派视为洪水猛兽。其实他们夫妇结婚是在1923年，当时宋美龄还是闺阁小姐，与政坛无关，"蒋宋联姻"是4年之后的1927年，造反派故意混淆是非，罗织罪名，制造事端。

半个世纪的沧桑岁月中，他们夫妇一直相亲相爱，相濡以沫，一个埋头科研事业，一个主持家庭"内政"，但在有些关键时刻，妻子就是丈夫的好帮

周仁先生旧居南立面（底层原先是内廊）

周仁、聂其璧夫妇当年住在的楼。

手。抗战期间,周仁先生主持的中央研究院工程研究所要内迁,大量的仪器设备和书刊资料装成若干个大箱子,先乘船运到越南河内,然后再转火车到昆明。工程研究所的大小箱子堆在火车站的站台上,简直像小山一样,但谁也没有办法把它们运走。越南由于长期被法国人统治,火车站系统通行法语,主要管事都是法国人,不会法语就无法办事。聂其璧知道后挺身而出,因她英语、法语都内行,她东一个电话,西一个电话,一会儿找站长,一会儿找朋友,在火车站指挥若定,好像是一位不得了的大官,结果不多时竟被她搞定了。火车站终于调拨来几节车厢,帮助他们把东西全运走了。

"十年浩劫"当中,他们夫妇的处境是可想而知的。当时周仁先生已经身患重病,无力面对冲到家里来的造反派,这时又是聂其璧挺身而出,代替丈夫回答那些原本就是莫名其妙的问题。在被逼得实在没有办法时,她就以哭来表示反抗。她没完没了地哭,哭得昏天黑地,造反派拿她也没办法。

粉碎"江青反革命集团"后,为纪念周仁这位杰出的科学家,1987年,上海市人民政府在中科院冶金研究所内树立了他的铜像,年已87岁的聂其璧坐着轮椅,由大儿子周麒推着出席了揭幕典礼。他们夫妇都在这栋房子里走完了生命的最后一程。

▶ 藤花

楼内还保存了几件当年的老家具

整栋房子两侧并不对称,但不失它的美丽

脱尽尘俗的观槿斋

兴国路72号内(现为兴国宾馆6号楼)

▲ 著名实业家李拔可先生

兴国宾馆6号楼是这个花园式宾馆内最漂亮的一栋小楼——朝南有宽畅的落地长窗，东部是一个半圆形的"阳光屋"，屋顶上错落着各式红色尖顶和斜坡，周边有平展的草坪和高大的香樟树。远远望去，好像童话里的森林小屋，十分典雅、静谧。

这栋房子原是美商海宁洋行老板的住宅，后来被福建富商李拔可先生买了下来，在抗战前住了很多

年，抗战后期卖给了太古洋行，他自己到福开森路（今武康路）另又买地造屋了。李拔可先生（1876—1953），字拔可，名宣龚，前清举人，是著名实业家，在上海有很多投资。他是1949年前中国最大的出版机构商务印书馆的经理和大股东，还是华丰搪瓷公司的董事长、上海水泥公司的董事长、华东煤矿公司董事。他一生都在举办实业，同时还是上海滩有名的藏书家，收藏了大量清朝及清末民初时期的名人诗文集，担任了合众图书馆的董事，因此他的家无论搬到哪里，藏书和书橱总是最大的一批家当。

▼ 绿树环绕的李拔可旧居

▲ 李拔可旧居现在是兴国宾馆6号楼

▲ 丰富多变的细节和红白相间的色调

▲ 李拔可先生夫人和孩子在楼前

▲ 在屋檐下挖一道凹槽（大阳台），好看风景

李拔可先生住在这栋小楼时,名其居曰观槿斋。楼前花木滋茂,浓荫匝地,先生吟啸其间,脱尽尘俗。楼下的房间几乎大半都被他的书橱占据了。藏书实在多得无法容纳时,1941年,他从中挑选了1 000多部线装书,以及一部分名人书法和绘画,捐给叶景葵、张元济、陈叔通创办的合众图书馆。合众图书馆的馆长顾廷龙先生为之亲编目录一册,名为《闽县李氏硕果亭藏书目录》。从该目录中可知,他捐献的藏书中有一部分珍贵的名人手稿本,如翁方纲的五言诗集稿本、诗词稿本、戊戌六君子之一的林旭的诗文稿本、曾慕翰、诸贞壮等人的诗文稿本;书画墨迹中以伊墨卿、林琴南、溥心畬三家之作为多……很能说明老先生的维新倾向及传统的儒家情怀。

1949年后这栋房子长期作为市委招待所。改革开放后是兴国宾馆6号楼。

▼ 李拔可旧居北门

中国科学社的旧址——会心楼

中国科学社的旧址：会心楼

陕西南路235号（现为黄浦区明复图书馆）

会心楼是一栋毫不张扬、十分典雅的2层小楼,在上海的名居名楼中,它过去长时间榜上无名,但它的文史含金量绝对堪称一流,因为它是中国最早的现代科学团体——中国科学社的社址。20世纪上半期,此地汇聚了一大批从海外学成回国、实践科学救国理想的莘莘学子,为中国现代科学文化的发展,作出了重要贡献。

中国科学社是我国成立最早、规模最大、影响最广、时间最长的民间综合性科学社团。任鸿隽先生晚年曾回忆说:"1914年的夏天,当欧洲大战正要爆发的时候,在美国康奈尔大学留学的几个中国学生,某日晚餐后聚集在大同宿舍廊檐上闲谈,谈到世界形势正在风云变色,我们在国外的同学们能够做一点什么来为祖国效力呢?于是有人提出,中国所缺乏的莫过于科学,我们为什么不能刊行一种杂志来向中国介绍科学呢?这个提议立刻得到谈话诸人的赞

▼ 坐落在会心楼前的胡明复铜像

会心楼西门

▲ 会心楼一角

▲ 明复图书馆奠基时孙科的题词

▲ 浓荫遮蔽的西窗

同，我们就草拟了一个'缘起'，募集资金，来作发行科学月刊的准备。"

很快，中国科学社就在康奈尔大学美丽的校园里诞生了。最早在这个"缘起"上签名的只有9个人，他们后来都成了各学科的领军人物：胡明复（中国第一个数学博士）、赵元任

▲ 门上的彩色窗花

（后来被誉为"汉语言学之父"，晚年以一个中国人的身份担任了美国语言学会会长）、周仁（冶金专家，炼出了中国最早的锰钢、高速钢和不锈钢）、秉志（中国生物学的奠基人，创建了我国第一个大学生物系和第一个生物研究所）、章元善（中国义赈会总干事）、过探先（我国农业教育和棉花育种的开拓者）、金邦正（曾任清华大学校长）、杨杏佛（孙中山秘书、中国民权保障同盟总干事）、任鸿隽（曾任四川大学校长、中华文化教育基金会干事长、中央研究院总干事）。当时才28岁的任鸿隽，这位康奈尔大学化学学士和哥伦比亚大学的化学硕士，担任了中国科学社的第一任社长，也是最后一任社长。

1915年1月，中国第一本综合性科学杂志《科学》月刊，终于在上海问世了。1918年10月，任鸿隽等学成回国，把中国科学社总部移师中国，1928年建社址于现在的会心楼。在任鸿隽等人的苦心经营下，中国科学社规模越来越大，活动越来越多，1920年已经发展到500多人，至1949年，已有3700余名会员。《科学》月刊从1915年创刊到1950年停刊，共刊出32卷近400期。为了进一步普及科学知识、介绍科学动态和科学方法，他们又于1933年创办了《科学画报》，刊印了多部论文专著，出版了《科学丛书》和《科学译丛》。这是两部影响深远的丛书，影响了20世纪20年代、30年代、40年代的几代学者。1929年，他们还在会心楼边建起了图书馆大楼，收藏了大量中外文科学类图书、杂志，供公众阅览。该图书馆落成之时，正值胡明复先生不幸去世不久，经蔡元培先生提议，将图书馆定名为明复图书馆，即现在的黄浦区

明复图书馆。

这些艰苦的开创性工作,很少有人知道是由一个民间学术团体来担当的。办事人都没有薪水,全是义务兼职,甚至自己贴钱来办事。即便在战乱频仍的年代,他们辗转各地,也没有间断这种科学的播种,直到1960年不得已解散。

现在距9位留学生在康奈尔大学写"缘起"的时刻,已经100多年过去了,那"天下兴亡,匹夫有责"的人格光芒,至今令人们震撼。

另外,这栋小楼在中国现代政坛上也有着浓重的一笔——1945年12月30日,马叙伦、王绍鳌、周建人、许广平、郑振铎、丁洁琼、柯灵等人士汇聚这里,召开了中国民主促进会成立大会。这就是为什么在会心楼1楼会议室墙上,挂着许多著名民主人士照片的原因。

▼ 明复图书馆

花园中的小路

百代公司的小红楼

衡山路811号（现为西式餐厅）

绿树成荫的徐家汇公园内，有一栋红白相间的漂亮小洋楼，建于1921年，是当年上海法商东方百代公司建造的。该公司是旧中国和东南亚最大的唱片公司，开创了中国唱片生产的历史，在国际上也有很大影响。

法商东方百代公司的创办人是法国人乐邦生，是个19世纪末从欧洲闯荡上海滩的冒险家。他本事很大，最初只是在街头摆摊播放西方的唱片，慢慢越做越大，积累了资金，居然在1908年开办了自己的公司：柏德洋行，代理销售法国百代公司的唱片、唱机等产品。1910年，他的公司正式改称法商东方百代公司。到了1917年，他已经不满足为人家代理销售唱片了，他要开始自己办厂，在中国制作唱片了。于是在徐家汇路当时的799号买下20多亩地，投资建厂，从法国买来了各种设备，还聘请了华人买办，自产唱片，这期间就建起了这座小洋楼。民国时期几乎所有的戏剧名伶和影视明星、红歌星均来此录制过唱片。20世纪20年代，主要灌制京剧名家如余叔岩、梅兰芳、周信芳、张君秋、荀慧生、尚小云等著名京剧唱段，行销全国和东南亚，大获成功。到20世纪30年代，随着社会生活时尚的变化，"时代歌曲"即流行歌曲和电影插曲渐渐流行，成为时代潮流，百代公司抓住时机

▲ 好看的楼梯

▲ 北门

小楼一角

大力发展,周旋、白虹、白光、李香兰、姚莉、胡蝶等明星都在这里留下了歌声和身影。聂耳、冼星海等进步的音乐界人士也参与其中,使百代公司那红色"雄鸡"商标的唱片,传遍大街小巷,享誉全国。该公司最兴旺的时候,有1 500余名职工。20世纪30年代初公司经过改组,名称改为英商东方百代有限公司,不仅能灌制唱片,还生产电唱机、无线电收音机、电影放映机、摄影机等,年营业额达100万元。

太平洋战争爆发后,日本人占领了百代公司,英美人士被关入集中营。抗战胜利后公司得以发还。现有资料显示,自1908年到1949年,该公司出产的唱片有6 357面,而根据百代公司的库存老唱片,则远远不止这个数字。

1949年百代公司退出了中国市场。1952年在百代公司的原址,诞生了中国唱片公司,在百代公司的基础上,开始了新中国唱片事业的新纪元。

▼ 楼梯口的装饰

▼ 底层的敞廊

▲ 百代公司小红楼侧影

▲ 楼内保留的老唱机

▲ 楼里保留的老唱机

▲ 典雅的门窗

后记

我们兄弟姐妹小时候占老爸的光,住在青岛海边的沂水路14号。那是一处挂了保护建筑名牌的花园洋房,民国期间是英国驻青岛的领事馆。院子西大门对着一个街心花园,花园的右侧是老的市政府大厦。楼南有前花园,小一些,楼后是大花园,种着很多参天的银杏树,到了秋天,满地落叶真的是一片金黄灿烂。

从楼的西门进来,往右拐是门厅。若不走门厅而径直往前走几步,可见一个地下室的入口和通道,那里面黑洞洞、阴森森的,很吓人,平时没人下去,只有到冬天,整栋楼需要集中供暖时,门房的邢叔叔才下去烧锅炉。烧锅炉时我曾好奇地跟着下去过,但只敢走到锅炉间为止,再往里面仍旧是黑洞洞、阴森森的,好像深不见底。后来听大人说,解放初,政府从里面搬出来很多东西,都是房子以前住户的旧物。那时我曾天真地想,是些什么东西呢?他们为什么把东西藏在这个可怕的地方呢?

数十年后,当我在上海寻访老洋房的历史足迹时,居然听到了很多类似的故事——曾经在岳阳路145号(宋子文旧居)工作过的龚庆祥老先生告诉我,宋子文那房子里有个楼梯的下面是封死的,解放初接收房子时没注意它,后来有一年房子大修,打开一看,里面居然堆着成箱的子弹和一些防弹衣。那无疑是宋子文的东西,但为什么不带走而封存在这里?谁也讲不清。龚老还说,瑞金宾馆1

号楼过去是国民党的励志社，上海解放初是华东局和上海市委领导们最早的办公处。那栋房子有个不小的地窖，里面存放了很多外国高级葡萄酒。1949年进城的干部们非常廉洁，谁都不去碰一碰……

在走访宁波籍房地产巨商周湘云的后代时，认识了周的内侄女施蓓芳女士，她年轻时跟着姑妈施彤昭住在青海路44号（现岳阳医院青海路门诊部，曾经叫第五门诊部）。她告诉我，那栋房子正门的暗锁是在那幅《青海雪山》的金属画的后面，不知情的人即使到了门前，也无论如何进不了门的；2楼的卧室里有3个秘密保险柜，都隐藏在墙壁里，"若有兴趣的话不妨前去找找看，看你能不能看出来"……

著名诗人王宁宇老师也跟我讲过老房子里保险柜的故事，那是他亲眼看到的一幕——"文革"中造反派押着刘吉生当年的账房先生来到刘家花园（即"爱神花园"，现上海作家协会），逼他找出刘家的"金库"，结果砸开2楼一间房间的壁板后，一间密室果真出现了，里面真的有2个保险箱，但是已经空了，主人离开之前把里面的珠宝首饰都带走了，造反派们大失所望……

从上海大学邓伟志教授处又得知，1964年《毛选》第四卷即将出版时，他曾作为"秀才"被召到三井花园（现瑞金宾馆4号楼）集中学习，学习之余"秀才"们打乒乓，他为找乒乓球，无意中推开一扇小门，里面居然放着两口棺材，问谁谁也不知道是怎么回事。后来他利用一个讨巧的机会问领导庞际云，领导犹豫了一会儿才告诉他，是苏兆征和张锡媛烈士的棺木。那么为什么不下葬，为什么放在这里呢？当初大家都是一头雾水……

在走访著名的天主教家族、朱季琳的孙子朱兆和先生时得知，他家老房子（绍兴路5号，现出版局大楼）的花园里有一口井，20世纪50年代初有几个"秀才"坐在井栏上聊写作题材，其中一个人不小心把钢笔掉到井里去了，于是下井去捞，结果发现井底有许多包装好的物件，捞上来打开一看，居然是一批枪支弹药。自然，此事引发了一场官司，真正有责任的人已经去了香港，楼里没有关系的人则倒了大霉。

……

诸如此类的故事听多了，对洋楼的神秘感就越来越强，探访老洋房人文历史的兴趣也就越来越高，眼前的洋楼不再陌生，而成了一段段历史的见证人。后来，我干脆把洋楼故事从我的家族书中"剥离"出来，单独形成一个系列，在采访故家旧族的后代时，就特别了解一下他们住过的老房子。公寓也好，花园洋房也好，里弄住宅也好，凡是具有历史承载的老房子，都顺便"捞草打兔子"，细心"侦查"一下。这样，"从家族史到洋楼史"做了几年，居然也渐渐汇编成书了，朋友们戏称之为"洋楼文化"。我想，不管它叫什么，起码是上海地方史的一部分，丢之可惜，记下来，就使得冰冷的建筑有了人气，有了活的内容，可以视之为百年老洋房的人文档案。

做这样的工作自然离不开朋友们的帮助，帮助过我的朋友有很多，有时候令我非常感动，尤其是一些老人。华山路上的范园，当年是一群银行家和实业家的家园，共有12栋风格各异的洋楼，我已关注多年，可是时过境迁，原先的门牌号码都变了，要弄清楚很不容易。在其中住过多年的孙以南先生（光绪帝师孙家鼐家族的后代），小中风后腿脚已十分不便，但是为了范园，他拄着拐棍，冒着高温赶来，为我一一指点……聂辑椝、曾纪芬的曾孙聂崇泗先生（他的曾祖母是曾国藩的小女儿），住在河滨大楼已经60多年，听说我要了解当年河滨大楼里的室内游泳池，当天就去找物业管理部门联系。但是那游泳池已被挪作他用多年，不复旧观，无法参观了，聂先生就为我介绍原先香港路上青年会大楼里的室内游泳池，那也是上海滩当年仅有的几个室内游泳池之一……复旦大学历史系的陈绛教授（末代帝师陈宝琛的侄孙）在繁忙的学术研究之余，几乎"审读"了我所有的文字，常常是一本新书呈他之后不几天，就会有电话过来，有问题的地方就指出问题，该补充的地方就提供资料或采访的线索……姚乃炽先生的弟弟姚乃煌先生已经80余高龄，年迈体衰，为了跟我讲清"怪屋"的情况，推迟了返回加拿大的日期……

令我感动的情况有很多，此文无法一一介绍了，但他们的名字应当记在这里，他们是：周退密、施蓓芳、周素琼、严仁美、刘欣万、荣鸿庆、荣卓如、萧德泉、吴耀萌、朱允中、施耀新、周国瑾、许文彪、余伟豪、邱素蕙、赵丽宏、林丽成、盛毓邮、任芷芳、庄元贞、庄元端、彭蔚宜、彭国维、潘世兹、潘家震、顾森康、顾家琏、顾家威、朱乐天、朱兆和、张南琛、席与时、席与明、席与昭、席兴荣、周渊、曹可凡、李孝洵、刘鼎川、张颖初、张殷六、朱章绣、李茂葵、周式莹、刘永龄、刘蠢龄、张涵、聂光莱、周麒、朱继章、周稚芙、周稚琼、殷惠千、唐无忌、唐小腴、邱根发、钱小铮、谈国兴、华兴、陈宁宁、杨大容、邵立、孙以询、孙以南、郑慧箐、魏幼生、魏征戎、魏征华、沈飞德、严德泰、严淼泰、严圭珏、严圭荣、丁健诺、丁芷诺、丁奕诺、庞寅珊、王昌范、陈宛青、姚昉、徐元章、徐元健、王孝方、孙世乐、孙世仁、孙世谨、张心刚、刘锦春、蔡鸣墉、张长根、薛顺生、楼云飞等等，在此一并向他们致谢！

本书中的图片基本都是我二哥宋路平拍摄的，他是一个摄影迷，为拍好照片，敢冒很大的危险。陕西北路上的宋家老宅现为中国福利会办公室，宋路平拿着介绍信去拍照，几次都碰了钉子。无奈何，他看见旁边正在建高楼，第二天就弄了一顶安全帽，混在建筑工人人群中，爬上了正在施工的高楼，从34层高空往下拍，竟然拍了张全景照，这就是书中那张貌似航拍的照片。

宋路平还碰到过一件奇怪的事情。他去沙逊别墅拍照片时，那里的管事张老师告诉他，市里有关房管部门曾有人跟她打过招呼，说是谁来拍照都可以，就是不要让宋路霞和宋路平来拍照，他们拍老洋房是为了出书的……很"遗憾"，张老师是个明白人，她不认为我们拍老洋房、出老洋房的书是犯法的事情，还是同意让宋路平进去拍照了。若没有她的理解和帮助，书中就不会出现沙逊别墅那么多精美的图片。在此，我和宋路平再次向张老师表示衷心的感谢！

要说的话很多，要做的事情也很多。想必此书中的问题还是不少，敬请读者们给予指教。我们将一如既往地努力，把上海的洋楼文化进行到底。

宋路霞
2019年8月改写

图书在版编目（CIP）数据

图说上海老洋房 / 宋路霞著 . —上海：上海科学技术文献出版社，2019（2021.3重印）
（"图说上海"系列丛书）
ISBN 978-7-5439-7933-8

Ⅰ.① 图… Ⅱ.① 宋… Ⅲ.① 上海—地方史—史料 Ⅳ.① K295.1

中国版本图书馆 CIP 数据核字（2019）第 141194 号

责任编辑：于学松
封面设计：幻灵广告
摄　　影：宋路平

图说上海老洋房
TUSHUO SHANGHAI LAOYANGFANG
宋路霞　著
出版发行：上海科学技术文献出版社
地　　址：上海市长乐路 746 号
邮政编码：200040
经　　销：全国新华书店
印　　刷：上海新开宝商务印刷有限公司
开　　本：710×1000　1/16
印　　张：20
版　　次：2019 年 8 月第 1 版　2021 年 3 月第 3 次印刷
书　　号：ISBN 978-7-5439-7933-8
定　　价：88.00 元
http://www.sstlp.com